江西省教育科学"十三五"规划课题:"'互联网+'时代会计人才胜任能力及培养研究"(项目批准号:17YB210)

经济管理学术文库·经济类

会计人才培养、学业不良转化及就业研究

Accounting Talent Training, Poor Academic Transformation and Employment Research

张永杰　吴　铃　罗忠莲／著

图书在版编目（CIP）数据

会计人才培养、学业不良转化及就业研究/张永杰，吴铃，罗忠莲著.—北京：经济管理出版社，2019.3
ISBN 978-7-5096-6404-9

Ⅰ.①会… Ⅱ.①张…②吴…③罗… Ⅲ.①会计—人才培养—研究—中国 Ⅳ.①F233.2

中国版本图书馆 CIP 数据核字（2019）第 027895 号

组稿编辑：杨国强
责任编辑：杨国强　夏梦以
责任印制：黄章平
责任校对：董杉珊

出版发行：经济管理出版社
　　　　　（北京市海淀区北蜂窝 8 号中雅大厦 A 座 11 层　100038）
网　　址：www.E-mp.com.cn
电　　话：(010) 51915602
印　　刷：三河市延风印装有限公司
经　　销：新华书店
开　　本：720mm×1000mm/16
印　　张：13
字　　数：182 千字
版　　次：2019 年 4 月第 1 版　2019 年 4 月第 1 次印刷
书　　号：ISBN 978-7-5096-6404-9
定　　价：68.00 元

·版权所有　翻印必究·
凡购本社图书，如有印装错误，由本社读者服务部负责调换。
联系地址：北京阜外月坛北小街 2 号
电话：(010) 68022974　　邮编：100836

目 录

第一章 "互联网+"背景下会计人才胜任能力培养研究 1

第一节 导论 2

第二节 国内外文献回顾 7

第三节 会计人才培养的理论概述 14

第四节 "互联网+"时代会计人才培养目标定位分析 17

第五节 "互联网+"时代会计人才胜任能力培养路径实践探讨 19

第六节 结语 28

第二章 互联网视域下会计信息化人才培养研究 31

第一节 会计信息化人才培养的理论概述 32

第二节 会计人才培养的现状及存在问题 35

第三节 互联网视角下会计人才培养问题发生的原因 38

第四节 "互联网+"时代会计专业人才培养改进措施 43

第五节 结语 46

第三章 会计人才培养方案研究
——以九江学院会计学院为例 47

第一节 "互联网+"时代会计人才培养定位与目标 48

第二节 "互联网+"时代会计教师队伍建设 ………………………………… 50

第三节 "互联网+"时代会计教学资源建设 ………………………………… 56

第四节 "互联网+"时代会计人才培养过程 ………………………………… 63

第五节 "互联网+"时代会计教学质量保障 ………………………………… 72

第六节 结语 …………………………………………………………………… 79

第四章 会计知识转化为会计职业能力问题及对策探讨 ………………… 81

第一节 会计职业能力的理论概述 …………………………………………… 82

第二节 会计知识转化为会计职业能力在现实中的体现及问题 …………… 85

第三节 会计专业人才教育现状调查综合分析 ……………………………… 88

第四节 提高会计知识转化为会计职业能力建议 …………………………… 94

第五章 加强会计职业道德培养的问题及对策探讨 ……………………… 100

第一节 会计职业道德教育的理论概述 ……………………………………… 101

第二节 会计职业道德教育的现状及存在的问题 …………………………… 105

第三节 加强会计职业道德教育的必要性及对策 …………………………… 110

第四节 结语 …………………………………………………………………… 114

第六章 学业不良学生立体化教育转化体系的构建和实践研究 ………… 115

第一节 地方高校大学生自由全面发展的特征和标准 ……………………… 116

第二节 地方高校大学生学业不良内涵的界定 ……………………………… 117

第三节 地方高校大学生学业不良成因及影响的系统化研究 ……………… 120

第四节 地方高校学业不良大学生立体化教育转化体系的构建 …………… 123

第五节 地方高校学业不良学生立体化教育转化体系的实践研究 ………… 127

第七章 学业不良学生立体化教育体系的构建与实践
——以九江学院会计学院为例 …… 131

第一节 九江学院会计学院学生学习发展的背景 …… 132

第二节 "学业不良学生"的概念和界定标准 …… 137

第三节 九江学院会计学院学业不良学生成因 …… 141

第四节 九江学院会计学院学业不良学生的转化对策与实践 …… 145

第五节 九江学院会计学院如何引导学业不良学生转化对策 …… 153

第八章 新形势下会计专业就业问题现状探讨 …… 155

第一节 研究背景及研究意义 …… 156

第二节 会计行业从业现状基本概述 …… 158

第三节 当前会计人才培养及就业存在的问题 …… 162

第四节 当前会计人才培养的不足及就业困难原因分析 …… 165

第五节 完善会计人才培养促进会计毕业生就业的建议 …… 169

第六节 结语 …… 172

第九章 不同层次会计人才就业问题及对策研究 …… 173

第一节 会计人才就业形势基本概述 …… 174

第二节 不同层次会计人才就业的现状及问题 …… 176

第三节 不同层次会计人才就业问题的原因分析 …… 181

第四节 对促进不同层次会计人才就业的建议 …… 185

第五节 结语 …… 188

参考文献 …… 189

第一章 "互联网+"背景下会计人才胜任能力培养研究

摘　要："互联网+"是"智慧充电宝"且自带光明,它可以随时在会计人才培养及其就业过程中充电照明。人才是第一资源,经济越发展,会计人才越重要。截至2015年,我国会计从业人员已达1000万人以上,成为一个庞大的就业群体,但高层次复合型会计人才仍旧供不应求。随着互联网技术的发展,高校会计人才培养质量与社会实际需求存在较严重的脱节情况,对于会计专业应届毕业生,绝大多数在企事业单位无法直接开展业务工作,需要用人单位进行一段时间岗前培训后才能适应工作岗位,导致企业不愿意招聘应届会计专业毕业生,而倾向于招聘具备一定工作经验的会计人员,形成了"用工荒"与"就业难"并存的悖论。基于此,以会计人才培养为研究对象,在回顾国内外相关文献的基础上,本章旨在探讨"互联网+"时代会计人才胜任能力评价指标体系构建以及会计人才胜任能力培养路径,将初级、中级、高级会计人才应掌握的知识、能力、技能和素质融为一体,通过会计人才胜任能力培养、合理构建课程体系、改革教学方法和手段、探索开展案例教学、改革考核方式等措施,形成"教师信息化教学"和"学生智慧化学习"成果体系,提高高校会计人才培养质量。

第一节 导论

一、研究背景与研究意义

(一) 研究背景

随着互联网技术的飞速发展,信息技术的高速提升正在推动整个会计行业的发展,信息技术领域创新研究正在大幅度地、快速地重新塑造会计业务,会计工作的业务环境发生了很大变化,此背景相应地对会计人才也提出更高要求,会计信息化人才培养、就业、胜任能力也面临新的挑战。互联网背景下会计人才教育理念及培养模式、课程建设及培养方案、教师专业化水平的创新改革势在必行。

2016年7月,国务院发布了《国家信息化发展战略纲要》,阐明要实施国家大数据战略,最大限度地发挥信息化的驱动作用。信息化技术的提升与应用会带来会计人才培养的转型与升级,对会计人员的能力架构建设提出了新要求。2016年10月,财政部印发了《会计改革与发展"十三五"规划纲要》(财会〔2016〕19号),其主要任务是健全企业会计准则体系、加强会计信息化建设、大力发展跨级服务市场、实施会计人才战略。它是直面挑战、引领会计行业未来发展的重要战略部署。为实现会计信息化人才发展战略,适应信息化环境下会计实务新的需求,全面推进会计信息化工作,构建会计信息化人才职业胜任能力框架显得尤为重要。

因此,在全球信息化发展趋势这一大背景下,本章通过探索"互联网+"时代下会计人才胜任能力要求,从而分析对高校会计人才培养的影响,进而做相应的会计人才培养目标定位,最后探讨"互联网+"时代高校会计人才培养路径，以更好地服务于当前信息化环境下我国会计行业的发展。

"'互联网+'时代高校会计人才培养路径创新研究"课题经申报，于2016年获江西高校省级教学改革课题重点资助立项（编号JXJG-16-17-2）。课题组以严谨、务实、求真的科研态度，针对研究计划与项目任务进行深入探讨，具体分析实际情况，以解决实际问题，顺利落实了课题的研究任务，形成了相应的研究成果。对取得的主要研究成果，课题组注重在实践中进行推广应用和检验，同时注重根据成果应用推广中存在的问题进行完善。本课题研究成果一经实施，相关用户就给予了积极的信息反馈。结果表明，效果良好，达到了预期目标。

（二）研究意义

1. 理论意义

在"互联网+"时代，高校应积极转变教育观念，以创新会计人才培养路径为目标，与时俱进。本篇对促进"互联网+"时代会计人才培养教学工作、提高会计教学质量具有重要意义，具体体现在以下三个方面：

（1）从学生角度分析：有利于提高学生的创新能力、自主学习能力和协同学习能力；有利于挖掘学生发现问题、分析问题和解决问题的潜力，引导学生将所学专业知识高效率转化为应用能力，达到学以致用的目标；有利于引导学生把握会计职业发展趋势，提高学生适应互联网时代对会计职业发展的新时代要求。

（2）从教师角度分析：有利于教师从动态上把握"互联网+"时代会计教学的本质和规律，引导他们从整体上认识会计教育与教学过程中各种因素之间的相互作用及多元化表现形态，从而提高实践教学质量，促进教学理论创新。

（3）从学科建设和人才培养角度分析：有利于革新互联网时代高校会计人才培养理念，打破传统培养思维和教学模式的禁锢，以推动高校会计人才培养教育与现代信息技术的深度融合，加快我国高校会计教育现代化进程，顺应了"互联网+"时代的发展要求，为建设创新型国家和学习型社会奠定了人力资源优势。

2. 实践意义

随着"互联网"技术的迅速发展,企业信息化对会计信息化人才培养提出了更高要求,导致会计信息化人才职业能力与企业需求相脱节。本章以会计人才职业应用需求为导向,探索适合企业需求的会计人才胜任能力培养路径,有利于促进会计专业人才能更好地适应新时代对会计人才的新要求。

另外,从企业人才需求角度而言,在会计胜任能力探索中,有利于高校培养出更多既掌握非常扎实的会计专业知识,又能服务于互联网时代发展建设的多元化应用型会计专门人才,他们可以更加高效地服务于企业的信息化会计工作及财务管理工作;也有利于节约很多不必要的人才岗前培训费用,从而促进企业在互联网环境下实现更好更快的发展。

总之,在"互联网+"时代,通过将现代信息技术运用到会计人才培养教学领域,声音、文字、图像的结合丰富了传统的会计教学形式,无处不在的在线学习带来了更开放的教育环境、更丰富的教学资源,课堂边界的扩大使学生能更容易地获取知识。因此,本课题的研究有利于促进教师以讲授为主的教学模式向培养学生自我学习能力、引导学生对课程难点与重点的分析与讨论、增强学生的会计职业判断与分析能力等方面转变,从而推进"以学生为主体"的课堂教学方法改革,与时俱进地推进互联网会计教学改革,并通过启发式、讨论式、案例研究等教学模式,有利于提高学生发现问题、分析问题和解决问题的综合能力。

二、研究内容

随着互联网技术的发展,我国会计人才培养过程中出现了不少新问题,尤其是一些经常出现的问题没有得到有效解决,例如,课程建设中缺乏网络信息化课程的设置、对会计人才胜任能力缺乏重视、忽略会计职业道德的塑造、会计教学滞后于互联网时代发展等问题,造成上述问题的原因之一在于缺乏对"互联网+"时代会计人才胜任能力培养的研究。本章后文的主要内容分为如下六个部分：

第一，导论。

第二，国内外文献回顾。在本章中，本研究采用文献研究法梳理、归纳和述评国内外在"互联网+"时代会计人才胜任能力培养领域的相关文献，系统地把握相关领域的研究现状、动态与发展趋势，以借鉴前人的研究经验，从而更好地探究"互联网+"时代会计人才培养过程中的关键性问题。

第三，会计人才培养的理论概述。在本章中，主要介绍多元智能理论、教育学理论、互联网信息化相关理论、教学模式相关理论和嵌入式教学相关理论依据，并界定了"互联网+"时代会计人才胜任能力、高校教师专业化、会计人才培养模式、高校专业及课程建设和师资队伍建设五个概念的基本范畴。

第四，"互联网+"时代会计人才培养目标定位分析。在本章中，主要从基本目标和高级目标两个层面对"互联网+"时代会计人才培养进行目标定位分析，然后分析了"互联网+"时代对会计人才胜任能力培养方式的主要影响。

第五，"互联网+"时代会计人才胜任能力培养路径实践探讨。在本章中，主要从会计人才胜任能力培养的革新、课程体系的构建、教学方法和手段的改进、案例教学、考核方式的改革五个方面探讨会计人才胜任能力培养路径。

第六，研究总结。

三、研究假设与方法

（一）研究假设

（1）倘若要培养适应"互联网+"时代的会计人才，那么，离不开互联网技术的实践教学。虽然高校内部会安排模拟手工账、电算化及用友、金蝶等实训课程，但教学效果并不理想，因为教学环境与企业真实环境相差较大。因此，高校应主动与企业加强合作，拓展校外实训基地，让学生在学习理论知识的同时更多地了解企业真实的会计信息系统及财务运行流程。本课题的目标之一是通过对企业进行调研与问卷调查,选择有代表性的企业治理层、高级管理层和财务经理层进行深度访谈,把握"互联网+"时代下企业对会计人才的职业需求,为课题研究提供事实依据,加快解决高校会计人才培养中存在的理论与实践相脱节的问题。

(2)倘若会计人才能够胜任"互联网+"时代的会计职业需求,会计专业学生不仅要具备良好的基础知识、政治素质、道德素质及身体素质,能够掌握综合性的专业技能、职业判断和财务管理能力等,还要具备运用互联网技术和思维进行数据收集、分析与决策的能力。因此,本课题将通过充分运用互联网信息技术探讨会计人才胜任能力培养、课程改革、教学方法和考核方式,以培养专业知识扎实、实践能力突出、专业胜任能力和创新能力强,同时又能运用互联网技术开展数据挖掘、加工和综合分析的会计人才,为将来运用数据进行财务预测和会计管理奠定基础。

(二)研究方法

1. 文献研究法

通过学校图书馆的各种数据库、书籍和资料,大量收集并研读国内外相关文献、书籍、专著与政策,在借鉴前人研究经验的基础上深入研究相关的理论问题,以把握"互联网+"时代高校会计人才培养方面的研究趋势和最新发展动态。并以此为理论依托进行"互联网+"时代高校会计人才胜任能力培养路径的实践探讨。

2. 实地调查法

通过问卷调查、专题访谈和参观考察等多种方式与途径,选择典型财经类高校作为调研访谈的试验范围和考察目标,充分把握"互联网+"时代高校会计人才培养动态和发展情况,并利用实地调研和专题访谈中收集到的一线数据和资料,探索构建"互联网+"时代高校会计专业"知识能力化"培养体系。

通过问卷和到相关部门调研的形式对会计人员素质的需求进行了解，调查企业和事业单位会计人员当前的工作具体情况，依据以上调查到的情况，研究企业和事业单位会计人员在工作中的胜任能力情况、存在问题以及产生问题的原因。

3. 定性研究法

在理论建构阶段，关于国内外研究述评、课题研究意义、"互联网＋"时代高校会计人才培养目标定位及其对高校会计人才培养方式的影响、会计专业"知识能力化"培养体系建构等理论研究部分，主要以定性论述为主，并在提出课题组见解和观点的基础上建构本课题研究的理论体系和基本研究框架。

4. 案例分析法

以九江学院会计学院、赣南师范大学商学院和文理绍兴学院商学院会计人才培养现状为基础进行分析研究，通过对该院师资队伍建设、人才培养方案、教师专业化自主发展的意识、专业化的主要途径及存在的问题收集到学院第一手资料，进行分析，发现问题，并找出问题根源，在案例研究的基础上，探讨"互联网＋"时代会计人才胜任能力培养问题。

第二节　国内外文献回顾

一、相关文献综述

（一）关于高校会计人才培养目标的研究

大部分学者达成了一些共识：实用型、创新型和国际交流型会计人才培养目标。1959年，美国有关研究报告指出，会计人才培养要从技术导向转型为国际化导向。1989年的白皮书《教育透视：会计职业成功所需的能力》指出，应加强会计学生的国际交流和沟通能力。美国高等商学院联合会（AACSB）指出，教学内容应强调实用和创新。国际会计师联合会（IFAC）提倡实用知识、应用技能培养。Liu（2016）研究指出，高校会计人才培养目标需要符合经济全球化发展要求，并在复杂多变的国际环境下，会计人才培养应以战略为导向，以创新为标尺。Min和Yan（2013）研究认为，高校应根据各自特色，建构国际化、应用型和技术型会计人才培养目标。郭永清（2008）、刘玉廷（2010）、杨政等（2012）研究认为，高端会计人才的培养目标是培养具有国际视野的创造性人才。赵峰（2010）研究指出，会计人才培养目标应注重国际规则、会计准则、内部控制规范和会计信息化等方面的教育，创新人才培养理念，突出会计职业知识与技能整合。王庆石等（2013）研究认为，高校培养的会计人才应具有责任感、创造性、应用性和国际化四个基本特征。周宏和张巍（2007）、欧阳宗书等（2013）研究认为，培养具有国际视野和思维的复合型人才是会计人才的培养目标。滕晓梅（2014）研究认为，应用型和创造型人才是会计人才培养的基本目标。会计教育改革委员会（AECC）强调应加强会计人才创新能力的培养。

（二）关于高校会计人才培养模式的研究

Hancock等（2014）基于全球会计准则趋同视角，从课程体系设置、教学方式革新和学生实践能力培养三个方面分析了会计人才培养模式建构。Evetts（2014）研究认为，会计人才培养模式应尝试开设免费开放课程，建立MOOC会计教育联盟。席鸿建和夏飞等（2012）提出了"专业+综合+双外"区域国际化会计人才培养模式："专业"是指培养学生的会计专业能力；"综合"是指培养学生的经济分析能力、职业判断能力、自我提升能力；"双外"是指培养学生掌握英语和其他一门外国语言，提升国际交流能力。刘丽娜等（2012）从社会兼职导师、家族式企业关系性嵌入和教师社会兼职三个方面构造了会计人才培养四维模式。张春颖和冯建军（2012）研究认为，高校会计人才培养模式应融入差异化教育、诚信教育和终身教育理念，通过整合培养模式、创新教学方法，推动会计教育改革。何玉润和李晓慧（2013）研究认为，国内高校会计人才培养应注重以社会需求为导向，以培养能力为根本，形成递进的会计人才培养模式。张倩和霍影（2014）基于社会网络视阈建构了包括关系网络、需求定位、信任机制和奖惩机制四个关键要素的会计人才培养模式。

（三）关于"互联网＋"时代对高校会计人才培养的影响研究

国外学者主要基于宏观层面分析互联网对会计人才培养的冲击和影响，国内大部分研究集中于探讨互联网环境下我国应如何实行会计教育改革以及互联网技术对会计教学理念的影响。澳大利亚注册会计师协会（CPA）和特许会计师公会（ICAA）都强调互联网信息技术技能、数据分析、判断推理、终身学习等通用能力。Guthrie 和 Burritt（2013）探讨了互联网对会计人才培养理念的影响，他们认为会计教学方式改革重点在于课程体系的更新。戴柏华（2015）、应益华（2016）研究认为，会计人才要为应对"互联网＋会计"时代的挑战而发奋学习，能够在会计实务中应用互联网、大数据等新技术履行财务分析和会计决策职能。秦荣生（2015）研究认为，"互联网＋"时代催生了高校会计教学新形态，未来一切的会计教与学的活动都将围绕互联网而展开。

（四）关于高校会计人才胜任能力的研究

1. 国外研究

在国外，会计人才的职业能力即胜任能力是会计人才的生命力，在互联网背景下，针对如何创新会计人才培养路径、优化师资力量、教学资源，促进专业建设，提升会计人才胜任能力，以解决会计人才培养过程与行业人才需求脱节的问题，学术界做了大量研究。美国学者认为高校应该注重会计从业人员的知识和能力两个方面的基本素质。其中，知识包括会计、审计、管理、经济等学科知识；职业能力分为技术技能和非技术技能，技术技能即为会计核算技能，非技术技能主要包括沟通能力、团队合作能力和自我管理能力等。需求方认为有效获取和利用会计信息是一项重要的职业能力，并期望会计专业毕业生能够掌握沟通能力、解决现实问题能力、使用计算机和互联网的能力等更多技能，以提升岗位胜任能力。

澳大利亚注册会计师协会（CPA）和特许会计师公会（ICAA）公布了需求方认为重要的通用能力，比如文字表达能力、计算机技术、数据分析能力、适应能力以及终身学习能力等。近年来，一些关于会计职业界对会计毕业生能力期望的调查研究表明，八成以上需求方认为高校会计教育应注重学生的良好沟通能力，但大多数毕业生的表达能力并不能满足需求方要求，所以无论从教学方法还是人才培养方案而言，都应该对提高学生的良好沟通能力有所体现。同时，需求方期望会计专业毕业生能够具备跨学科工作能力、人际关系处理能力、领导能力、使用计算机和互联网工具解决现实世界问题能力，以及扎实的基础知识、通用商业意识、职业道德和丰富的工作经验和生活阅历，由此应该丰富会计人才培养方案。

2012年一项对马来西亚Kebangsaan大学（UKM）137名会计学生的调查报告发现，大学会计教育应当培养学生各种软技能，包括时间管理、口头沟通和合作能力，以提高会计人员的职业胜任能力，新环境下会计职业能力重点是检查和分析信息能力、财务信息解读能力、计算机使用能力、创造性思维、沟通能力、时间管理技能、团队合作能力和解决问题能力，进而使会计人才培养和行业需求对称。

互联网信息技术在会计实务和学术界的应用增加了会计教育行业跟上会计职业需求和实践环境变化的难度，但也为会计教育工作者提供了各种有效工具，如XBRL在财务管理课程中的应用、概念图在英国大学财务会计理论课程中的应用、问题融入会计教育方法和高仿真的特色实践实训课程。通过问卷调查研究发现，提出问题能力对会计专业学生比较重要并且应该成为会计教育发展的重点，同时学生认为PBL教学方法在培养团队合作能力、提出问题能力、解决问题能力方面的效果较好。在线作业软件（OHS）可以帮助会计专业教师减少在课件设计等工作上花费的精力，让教师专注于高附加值活动，促进教学效率的提高。同时调查发现，在线作业管理系统（Online Homework）不仅可以提高学生的成绩还可以提高其对课程的满意程度。使用具有潜在影响的视频片段可以吸引学生的注意力，增加学习乐趣和创造难忘的视觉图像，提高学习效率和效果。实证研究发现，大多数学生对使用多媒体、电影等进行会计教学保持积极看法，认为这些创新性教学方法可以提高他们对会计的理解。以会计欺诈概念为例，通过电影《房间里最聪明的人》可以帮助学生更形象地理解会计欺诈概念。如果在观看电影之前及之后采取更多的措施将会使教学更加有效，如学生在看电影之前必须读一些安然事件的资料，包括背景、评论及关于会计欺诈在商业界中的重要性等基本知识；观看电影后，学生需要带着问题作电影理解和案例看法的分析报告，这个过程使学生深入了解案例本身及会计欺诈后果对会计行业的影响。虚拟办公平台（VOH）可以增加学生接触课堂以外学习环境的机会，可以更好地反映实践环境需求。VOH利用信息技术创造了正常和预期的课程学习环境，有助于审计和中级会计课程中学生和老师进行沟通，学生可以根据实践设置与客户交流。总之，互联网信息技术与会计教育融合、推动教学方法等方面进行创新，有助于提高学生团队协作能力、提出问题以及分析问题和解决问题的能力，最终提高学生未来的岗位胜任能力。

2. 国内研究

在国内，王洁（2012）运用行为事件访谈法归纳出会计人才胜任能力要素，包括专业知识和技能、职业道德、团队协作、个人特质。其中，个人特质包括创造力、表达力以及是否积极进取。周宏（2007）研究认为，在会计能力培养中，应注重办公软件及网络知识培养，把C语言作为会计专业的重要课程。

互联网信息技术迅猛发展及经济全球化趋势日益加快，对现行教学方法、专业建设、培养方案和师资队伍建设均产生了较大影响。会计工作环境基本实现了整个业务流程的计算机处理、监控及内部控制管理，使企业必须不断提高自身资源的利用效率、更快做出经济决策。因此，互联网背景下企业要求会计人才不仅具备良好的会计专业知识、创造性思维和国际观念，还需具备熟练的计算机网络技术、懂得如何设计和维护会计信息系统、信息反应和驾驭能力等综合胜任能力。

"互联网+"时代，会计工作以战略为导向，全面参与企业战略管理、市场营销、投资运营等经营活动，突出决策支撑和价值管理功能。随着会计准则中隐性知识的增加，会计人员在业务处理时需要更多的灵活性和较强的职业判断能力。因此，会计人才除了熟练掌握会计规则外，还应具备扎实的会计理论功底、宽厚的经济管理知识、独立分析问题和解决问题的能力、良好的沟通表达能力、较强的学习能力以及解决非常见性问题的能力等。

互联网背景下，针对不同层次的会计人才，企业对其应具备的基本知识和能力要求差异较大。知识要素方面，初级会计人才应具备日常业务的会计核算、税务知识，中级会计人才在初级层次基础上还需掌握会计核算与内部控制、财务管理、审计等知识，高级会计人才在中级层次的基础上还需掌握风险管理、公司治理、决策支持、购并重组等知识。能力要素方面，初级会计人才应该能够胜任财务管理的一般工作和纳税筹划工作，即熟练进行信息搜集和加工、办公软件操作、会计核算、税务处理；中高级会计人才以财务管理角度参与企业经营管理决策，所以企业更看重其财务分析与预测能力、内部控制、领导能力、决策能力、战略规划等能力。2007年颁布的《中国注册会计师胜任能力指南》指出，为应对逐渐复杂的外部环境和能力需求的不断变化，注册会计师应具备五类职业技能，即智力技能、会计技术和运用技能、个人技能、人际沟通技能以及组织和企业管理技能。

还有学者将会计人才胜任能力要素划分为专业能力、方法能力和社会能力。

其中，专业能力是运用所掌握的专业知识快速、有效地完成本职工作的能力，是区分初级、中级、高级类型会计人才的主要标志。初级会计人才必须能够熟练使用信息化设备、网络工具、管理软件，熟悉本职工作的业务流程；中级会计人才必须熟悉企业整体业务流程，善于用业务数据制作各种动态信息；高级会计人才应当善于利用企业管理信息系统的信息查询和决策支持等功能快速做出科学合理的决策。方法能力表现为获取新知识、新技能、创造性开展会计工作的能力，保持自身竞争优势。社会能力主要包括表达沟通能力、应变能力、团队合作能力、决策分析能力以及组织能力等。会计职业能力又分为职业胜任能力、胜任素质和胜任技能，企业对会计人员职业胜任能力要求为其应当具备审计理论、战略管理理论、财务软件操作能力及风险控制能力；职业胜任素质为爱岗敬业、团队精神和诚实守信；会计职业胜任技能为沟通能力、决策能力和项目管理能力。

基于会计工作的业务实践，会计专业毕业生职业胜任能力应包括专业基本能力、专业核心能力、研究创新能力、创业能力和社会适应能力。

高校会计教育进行改革时必须分析和判断会计人才市场对会计人才素质变化的要求，这是会计教育的着眼点。当前，我国高校会计教育界缺乏与会计职业界的沟通交流，传授的是没有商业环境的会计规则，从而出现了教学内容和教学方法忽视需求方对会计人员能力需求的状况，导致会计教育不能满足"互联网+"时代企业对会计人才能力的需求。因此，高校会计专业人才培养模式必须紧跟互联网环境下社会发展对会计人才需要的变化节奏。同时，会计教育需要在更大程度上利用教育技术领域的最新成果，既注重实践教学也强调理论讲授，实现知识传授与技能训练的良性互动与互补，将会计专业素质培养要求有效融入会计教学模式中。由此可见，本研究认为，在"互联网+"时代大背景下，有必要以会计职业需求为导向，从培养方案、专业建设、师资队伍建设等方面进行全面改革。

二、主要问题陈述

综上所述,当前相关研究中有待进一步探讨的问题包括:

(1)从微观视角专门研究"互联网+"时代高校会计人才培养路径的国内外研究成果较少。然而,随着互联网技术的迅速发展,会计人才培养目标、模式和具体路径等需要与时俱进,随经济环境的变化而发展和革新。因此,在该领域的研究仍然还有很多不足,尤其在"互联网+"时代,关于高校会计人才培养的实践路径研究有待进一步深入、强化和创新。

(2)对会计人才胜任能力的研究虽然强调了信息化的重要性,但缺乏对应性,会计人才培养应按人才岗位级别对应的要求进行培养,这是有待完善和深入研究的问题。尤其在"互联网+"时代,以会计人才需求为导向,对各级会计人才胜任能力培养指标及内容展开研究,具有必要性和重要性。

第三节 会计人才培养的理论概述

一、多元智能理论

"多元智能理论"的内涵是人具有多元智能的表现,不同个体的智能特点、类型也各不相同,但至少拥有九种智能:言语—语言智能、数理—逻辑智能、视觉空间智能、音乐节奏智能、身体运动智能、人际交往智能、自我反省智能、自然观察智能和存在智能,个体智能并不以整合方式而以相对独立方式存在。"传统的智能理论过于强调个体的语言和数理逻辑能力培养,而忽视了个体运用知识解决实际问题的能力,用传统的智能理论无法说明现实生活中智能多元性和创造性。它对智能概念给予了全新界定：智能是在某种社会和文化环境的价值标准下，个体用以解决自己遇到的真正难题或生产及创造出有效产品所需要的能力。"

二、互联网信息化相关理论

最早对信息化做出定义的是联合国教科文组织，将信息化定义为是技术和社会的进程，目标是在生产服务中实现管理流程、组织机构、生产技能及生产工具的改革创新。我国国务院办公厅印发的《2006～2010年国家信息化发展战略》指出，信息化是一种历史进程，是充分利用信息技术、开发信息资源、促进信息交流和知识共享，以帮助提高经济增长质量为目的，最终推动经济社会发展转型的过程。因此，信息化是由信息技术改革创新引起的社会经济变革过程，是从实物资产创造价值向无形信息资源创造价值的新阶段的改变历程。互联网信息化内涵包括三方面内容：第一，互联网信息化是包含大量信息资源、信息平台、信息系统、通信网络的信息网络体系。第二，互联网信息化是信息技术研发、信息设备硬件和软件开发应用，是信息系统的集成与服务。第三，互联网信息化是劳动者知识和能力素质、人类物质和文化生活质量以及国家现代化水平不断提高的社会进程。

需要注意的是，互联网信息化内涵是将与人类生产生活相关信息和知识的生产、传播、储存和使用方式转变为数字化、智能化、网络化的方式。

会计互联网信息化是指会计与网络信息技术的结合，是网络环境下管理层获取信息的主要渠道，具有业务核算、会计信息管理和决策分析等功能。会计互联网信息化不仅可以有效避开会计电算化孤岛问题，还可提升企业管理决策水平和管理能力。但会计互联网信息化与会计电算化有本质差别，它不是简单将计算机设备、管理软件、通信设施等先进信息技术与传统会计工作如记账查账、财务预算等相融合，它将对会计假设、会计实务、会计教育等产生深远影响。

教育互联网信息化是指在教育管理、教育教学和教育科研中全面深入地运用网络信息技术以促进教育改革与发展，使教育适应网络信息化发展对人才培养的新要求。教育网络信息化的基本特征是教学辅助技术上实现多媒体化、网络化和智能化；核心内容是以网络信息化为理念进行教育目标和教育方式的创新，利用信息技术开展互动式、讨论式、导向式教学，发挥信息化在教育技术创新中的重要作用。教育网络信息化以学生为中心，鼓励学生利用信息技术开展自主、协作式的学习，目标在于培养学生利用信息技术学习的良好习惯，提高学生在网络信息化环境下的分析判断能力、解决问题能力和应变能力。教育网络信息化要求在教学实施过程中合理运用计算机设备、多媒体和网络通信设备及教学管理软件等现代信息技术，促进教学方式和学习方式跟进时代变化，为人才培养提供保障。

三、教学模式相关理论

教学模式是为达到特定教学目标而在一定教育思想、教学理论的指导下建立起来的稳定、简明的教学活动框架和程序，是开展教学活动的方法论体系。教学模式是作用于教学实践的教学理论具体化，具有一定可操作性，是教学理论和实践之间的中介。虽然学术界对人才培养模式的表述方式各异，但其实质性内容都包含了培养目标、课程体系、教学实施与教学管理、考核评价制度等方面内容。会计教育目标包括会计专业学生的基本特征、培养方向、培养规格和能力素质培养目标等内容，是指导会计人才知识和能力架构培养的中心思想，是开展会计教育教学的基本依据和决定教育模式的关键因素。会计教育课程体系包括公共基础课程、会计专业课程和实践课程体系及结构，是各种课程相互配合而形成的授课计划。课程体系衡量指标包括学分总量与课程类型、综合化性、平衡性和灵活性等内容。会计教学方法，是指在会计教学实施过程中所采取的教学途径，拟在师生之间达成合作交流的方法体系，为完成具体教学目标和教学任务而服务。考核方式是对教学效果的检验，是激励会计专业教师和会计学生进步的重要方法。

四、嵌入式教学相关理论

嵌入式教学是一种新型的理论与实践双向相嵌的教学模式，即先将理论嵌入实践中指导实践教学，然后将实践教学再回嵌到理论常规教学之中。嵌入式教学模式是由西方"课程替换教学"发展衍化而来，因为在我国计算机软件专业教育改革中的成功试点而被熟悉。嵌入式教学模式以专业能力培养为主线，将职业道德、知识素质、人际交往能力和职业素质培养嵌入到专业胜任能力培养过程中。

会计教育引入嵌入式教学模式有两大最突出的优点。首先，以需求方对会计人才的能力需求为基准，将会计实际工作流程嵌入到会计知识讲授中，用实践操作来强化理论知识内涵的理解，使学生有学习热情和实践经验。其次，运用反哺理论，将实践教学嵌入到理论常规教学中，使学生对理论知识的内涵有更透彻的理解；将会计理论嵌入到实践教学中指导实践，有助于学生理论联系实际，增强学生学习的主动性和成就感，实现会计人才知识素质和能力素质的综合培养。

第四节 "互联网+"时代会计人才培养目标定位分析

会计人才培养目标是设计会计人才培养模式所依据的宗旨，是实践会计人才培养模式所要达到的目标。本章认为，"互联网+"时代高校会计人才培养目标应集社会、学校和家长对会计人才的期望于一体，依据学生层次、职业要求和互联网发展需求等多种因素进行定位，将会计人才培养目标定位分成两个层次：

一、基本目标

基本目标主要是引导学生先发展成自信者，再发展成有用之才，即对社会和家庭有责任感，具有自立自强、适应社会的生存能力，同时又掌握会计职业必备的专业知识、基本技能和职业素养，具备执业资质和职业胜任能力。专业知识包括会计、计算机、互联网、管理、统计、金融、心理、法律和外语等；基本技能包括智力、技术、沟通和管理协调等；职业素养包括职业道德和理想等。

二、高级目标

高级目标主要是引导学生树立终身学习理念，具备卓越的会计职业才能、精湛的会计职业技能，并基于经济社会发展需要，培养能够服务于地方经济，精通财会业务、熟悉会计规则，掌握互联网技术、金融、法律、内部控制等相关学科知识，具有良好的职业道德、国际视野和跨文化交流能力，能参与战略经营和管理决策，能把握行业发展趋势，解决复杂经济问题的高层次会计顶尖人才。

教育的价值，在于唤醒每个学生心中的潜能，帮助他们找到隐藏在脑海中的特殊使命和注定要做到的那些事，既要懂业务又要懂技术。本研究认为，高校应本着适应社会和企业发展需求的原则，在"互联网＋"环境下更新会计人才培养目标，创新会计人才培养路径，为社会和企业培养出"产销对路"的人才。因此，明确会计人才培养路径的关键在于改革传统的人才培养目标，明确"互联网＋"时代的会计人才培养目标，更要注重开发和培养学生整合信息、分析数据及逻辑思辨等方面的能力，以适应"互联网＋"时代发展的要求，培养企业所需的有用之才。

第五节 "互联网+"时代会计人才胜任能力培养路径实践探讨

互联网的快速发展改变了会计人才市场对会计人员素质的要求,高校会计专业教育作为会计人才培养的主要方式,面临着巨大的机遇和挑战。会计教育应既强调教学实践又注重理论讲授,注重在理论教学中解决会计专业能力训练问题,让知识传授与技能训练形成良性互动与互补。为解决"互联网+"时代我国高校会计教育发展难题,应充分发挥互联网信息技术优势,广泛吸收技术领域最新研究成果,使信息技术与会计教育全面深度融合,以互联网信息化开展会计教育理念和教育模式的改革创新,同时根据企业需求培养高素质会计人才。

一、会计人才胜任能力培养

"互联网+"时代,业务型会计人才已不能满足企业需求,管理能力越来越受到企业重视,企业需要高素质的管理型会计人才。因此,会计人才既要具备财会知识和经济管理知识,又要具备信息收集和分析能力、沟通能力、合作能力、创新能力、获取知识能力以及对信息反应和驾驭等能力,以提升会计工作胜任能力,实现灵活使用计算机解决财会业务并为管理层决策提供实时有效信息的目的。

高校要结合互联网背景,着眼于为会计专业人才提供终生发展的基础,使其为能够更好地适应会计职业要求做准备。会计专业培养目标应围绕打好基础、培养创新、提高胜任能力这个中心任务,积极创造硬件和软件条件,以培养满足社会需求的高素质胜任能力的应用型人才。因此,高校会计教学目标应定位于培养具有扎实的现代会计理论知识、熟练掌握互联网信息技术手段、具有终身学习能力与创新能力等综合胜任能力的会计人才。由此可见，"互联网+"时代，会计人才胜任能力的培养在教学上应做到理论（知识要素）与能力（能力要素）并重。

（一）在知识要素上对会计专业人才的要求

"互联网+"时代要求会计专业人才掌握管理学、战略管理理论等方面知识；掌握经济学、统计学、金融学、经济法等学科基础知识；掌握基础会计学、管理会计、财务管理、审计学、内部控制与风险管理、财务分析、成本会计等专业知识；掌握计算机软、硬件技术的基本方法知识，具有利用网络工具方法的理论基础。

（二）在能力要素上对会计专业人才的要求

"互联网+"时代要求会计专业人才掌握会计核算能力、合作能力、分析能力、职业判断能力、获取知识的能力、表达能力、创新能力以及软件设计与维护能力。同时，高校应当为企业和会计专业毕业生建立信息沟通渠道，获得会计专业毕业生在各类组织中职业表现和成长轨迹的相关信息，综合形成胜任能力结构评价与需求，并结合地区经济发展特色，及时、合理地调整会计教学目标。

二、合理构建课程体系

"互联网+"时代，会计人才在具备业务能力基础上，更应当培养信息获取能力、职业判断能力、决策分析能力、团队合作能力、获取新知识能力以及沟通交流能力等相关胜任能力；掌握扎实的专业知识和经济管理知识。促进互联网信息技术与专业课程融合，构建合理的会计课程体系，提高教学质量与效率。在课程内容上应将理论知识讲授与能力训练整合，在专业教育中嵌入非核算能力教育。

（一）增加网络信息化方面课程

"互联网+"时代，高校会计教学课程体系中开设会计网络信息化课程较少，缺乏对学生信息素养的培养。大多数高校一般仅开设大学计算机基础知识、Excel、管理信息系统和会计电算化，主要讲授计算机记账、报账等会计业务处理过程，对系统的设计原理介绍较少，且学生对其不够重视，这使会计专业毕业生在知识结构、职业能力和综合素质与实际需求不相匹配，难以形成职业胜任能力。通过开设会计信息技术综合、通用会计软件操作与使用、XBRL（主要是指提供企业决策者的经营管理信息）理论与应用、VBSE（虚拟的商业环境）会计模拟实训系统、Access数据库、数据库应用系统开发、电子数据处理和开发、Excel在会计中的应用等课程使学生掌握计算机硬件、软件和计算机系统分析、设计方面的基础知识，同时能够运用办公软件和网络完成财务处理、分析以及系统的维护处理工作，培养会计专业学生通过网络信息技术开展会计工作的能力，增强数据获取、整理和分析能力，为企业管理者提供有效决策信息服务。

（二）重视学科基础课程

基础会计等学科以培养学生核算能力为目标，是会计教育必须实现的基本目标，所以在安排基础会计任课老师时，应安排有丰富理论教学经验、有亲和力、有耐心、沟通表达能力强的老师。同时，"互联网+"时代，企业更加注重信息的价值和对风险的防范，内部控制、内部审计、风险与战略管理部门越来越受到重视。并且，金融学、电子商务、市场营销等交叉学科可以作为学科选修课程，帮助学生掌握更多的知识背景，有助于培养学生高效、合理的会计职业判断能力。

（三）将企业经营管理环境嵌入实践课程

作为会计人才胜任能力培养重要途径的实践教学急需改变开设门数少、课时少、模式单一的现状。除了基础会计软件实训外，还应当增加财务网络化模拟实践、综合模拟实验、计算机审计、企业经营沙盘模拟等实践课程。通过嵌入企业的经营管理环境,可以激发低年级会计专业学生学习专业课的兴趣、提高高年级会计专业学生理论联系实际的能力,体验团队协作氛围,培养综合能力和全局素养。例如,ERP沙盘模拟企业经营系统为会计实验教学搭建仿真企业所处的内外部环境,将复杂抽象的财务及经营管理理论以最直观的方式让学生体验、学习,使学生在市场分析、战略制度、财务管理、现金流管理等一系列活动中,将各类资源、计划、管理信息及时有效地以会计信息形式表达出来。

(四) 课程体系设置方案

在课程设置上,高校应遵循课程体系涵盖基础课程、专业课程、实践课程和选修课程的基本模式。具体的课程体系设置方案如图1-1所示:

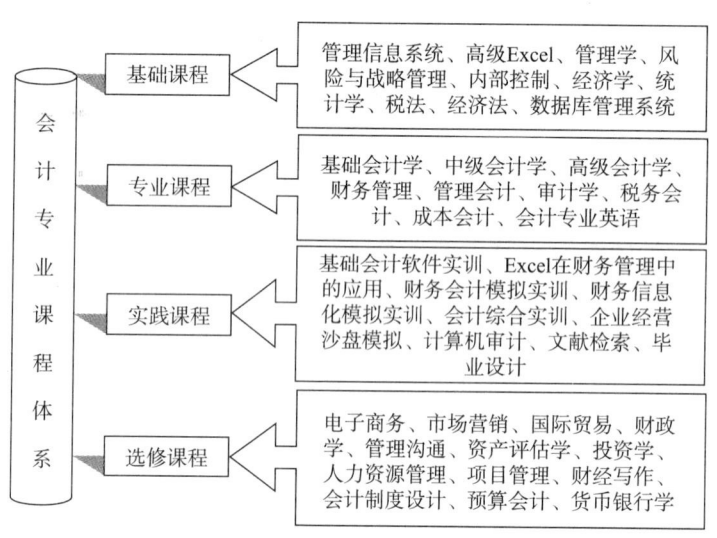

图1-1 高校会计专业课程体系

需要注意的是,将网络信息化渗透到学科基础课程、专业课程、实践课程和选修课程的教学中,理论课程与实践课程相互配合,形成集网络化、专业化、实践性于一体的课程体系。会计专业课程体系一般采用学分制，学分在各知识体系中的分配学校可各自设定，但应注意比例协调问题。同时，应尽量精简公共基础课程，使学生将更多的精力和时间用在职业胜任能力培养方面。

三、改进教学方法和手段

互联网的迅速发展为会计教育提供了更多更便利的教学工具。高校本科会计教育应充分发挥现代网络信息技术的优势，广泛吸收新技术领域的最新研究成果，以互联网嵌入理论与实践教学为理念，积极开展启发式、案例式、讨论式、导向式教学，提高会计人才胜任能力，培养符合会计职业能力需求的高素质人才。

（一）理论讲授教学方法中嵌入网络化

课堂讲授是会计教育的重要方法，传统课堂对理论的讲授缺乏生动性，学生会计专业知识理解与应用能力的培养效果不理想。针对这一情况，高校会计理论教育要充分利用物联网、云计算、大数据、财务共享服务平台等先进网络信息技术，使会计专业学生理解如何使会计知识在计算机等网络信息技术的处理下应用于实践工作，不仅可以激发学习主动性，还可以真正做到知识与能力的共同培养。如讲授财务分析方法理论时，可以选取某上市公司最新财务报告为实例，利用 Excel 建立财务模型、使用 XBRL 财务报告工具对上市公司进行财务报告分析；成本会计理论内容及会计核算程序复杂，实际工作中涉及多个部门，传统教学方法让学生对成本核算内容感到步骤烦琐、枯燥乏味、晦涩难懂，但在"互联网＋"时代，小视频和多媒体动态图演示教学，有助于加深学生对成本核算流程的理解。

（二）实践教学方法中嵌入网络化

目前，高校实践教学以会计软件实训为主，目的主要在于专业操作技能，方

会计人才培养、学业不良转化及就业研究

法单一、脱离职业环境,对学生沟通能力、团队意识、分析能力、职业道德等方面的实训不足。因此,高校应借助网络引入单科和综合会计实训软件,在虚拟商业社会环境下系统化训练学生对所学知识的理解和掌握,培养操作技能的同时注重对学生综合素质能力的锻炼。如在 VBSE 虚拟商业环境模拟实训课上,学生可以自主选择不同行业的不同部门并完成岗位主要工作任务,学会基于岗位的业务处理、决策和协同,感受资金流和信息流在企业中的运转。通过在不同职业岗位"工作",训练学生执行能力、决策能力和创新能力,培养全局意识和综合职业素养。

重视社会实践对会计专业学生能力培养的作用,使学生形成实习前感性认识、实习后理性认识的效果。将实践教学方法纳入教学中,实施导师负责制,会计专业学生在大一入学后即分配导师,导师负责学生社会实习和毕业论文指导。

(三) 加强创新性教学方法的使用

案例教学、小组讨论、指导性教学、角色模拟等被称为创新性教学方法,这是培养学生非核算能力的重要途径。网络化的发展为创新性教学方法的实施提供了更多便利的条件,因此,高校应当充分发挥网络化优势,加快教学方法创新。

以案例教学方法为例,这是一种培养会计专业学生综合能力素质的主要方法,但一直是高校会计教育中的薄弱环节。使用的多为陈旧、知识点单一、答案固定的案例,不能满足实用性、综合性要求。因此,在案例设计时体现网络化要求,锻炼学生数据收集能力、分析能力、表达能力、合作能力,充分发挥学生的主观能动性。如以当前财经热点为题或允许学生自由选择与课程内容有关的案例,让学生课下利用网络收集与案例有关的信息,再在课堂上表达自己对案例及知识点的理解和观点,教师根据学生的分析内容提出问题并给予点评和延展。

(四) 多种教学方法结合使用

一种教学方法的使用可能难以满足教学目标的需要。因此,可以结合课程性质综合采用案例分析、问题分析与讨论、小组活动等多种教学方法,并将实训、实习等实践教学嵌入到专业知识的教学中，有意识地训练、培养学生的自我评价意识、综合素质和会计专业知识的理解与应用能力。另外，高校还可以邀请工业企业、金融企业、事务所的管理人员和财务人员等开展专题讲座，这不仅能够让学生及时了解行业动态、专业人才能力结构，还有利于加强校企合作。

四、探索开展案例教学

（一）案例教学小组讨论

"互联网+"时代要求高校与时俱进地将互联网技术融入会计教学模式中，推进"以学生为主体"的课堂教学改革。在高校会计人才培养过程中，教师的主体性地位体现较明显。若适当体现学生的主体性地位，同样能收到较好的效果。学生主体性地位的体现方式多种多样，我们以案例教学中学生参与自组织管理为例，探讨会计案例教学中学生参与作业批改、学习评价等教学活动的具体做法。

小组讨论是开展案例教学的重要步骤，具体需对学生划分组别，以小组形式开展日常教学活动。通过小组讨论的方式，激发学生的思考力，提高学生的创造力。按照学生性格、学生管理能力等标准进行分组，每组采取自愿报名原则挑选出组长和学习得力代表，然后进行初次培训及测试，最后根据综合考察情况，将组织协调能力强的定为小组长、踏实肯干的定为学习得力代表，让他们参与备课、课堂管理、作业批改、学习评价等教学活动，并以第二课堂形式对学生参与教学管理活动的表现进行评价，提高学生综合能力。

（二）案例教学具体做法

小组讨论的重要目的是突出学生的主体地位，因而，探索开展案例教学，还需要把握案例教学活动中体现学生主体地位的具体做法。教师以教学计划形式明确会计案例教学课所要达到的教学目标、讲授的教学重点及采用的教学方法等，提前布置与案例相关的问题作为学生作业,由小组长组织学生课前预习,组内学习得力代表对预习中出现的情况进行详细登记,包括组长组织情况、学生预习情况、小组讨论情况等,然后汇总案例相关问题反馈给教师,教师根据反馈情况细化教学计划,充分根据学生需求备课,在与学生互动交流中提高教学质量。

第一,在课堂教学环节。教师根据学习得力代表的反馈,对学生需重点掌握的知识点进行抽查考评,考评结果作为各小组的学习成绩。对一些较难的问题先由教师给予提示,然后学生独立思考,再由组长组织检查讨论,学习得力代表扮演讲解角色,在此过程中教师到各小组检查指导,从每组中随机抽查提问,教师根据回答情况做好必要补充。课堂习题要求每位学生先独立完成,随后根据检查情况开展个性化辅导,充分发挥每位学生的主观能动性,提高学生的学习积极性。

第二,在作业批改环节。作业批改由学习得力代表完成,小组长负责监督。作业批改包括:监督组员的作业完成情况全过程,强调学生尽可能独立完成,抄袭作业记零分,但可请组员加以辅导,辅导后仍有困难可请教师指导。若作业有模糊答案时,由学习得力代表组织组员商讨,商讨未果请教老师,这样可培养学生积极主动思考问题的习惯。然后,由学习得力代表做好详细登记,包括辅导情况、完成质量、容易出错的问题等。最后,教师检查作业登记记录,评价各组作业完成情况,给出详细评语,指出存在的问题及相应的解决措施。

第三,在学习评价环节。小组长和学习得力代表要对组员的课前预习、课堂表现、课后作业完成情况进行初步评价。首先,学习得力代表对组员学习态度、参与组内讨论次数、团结协助精神及为小组解决问题等情况做好详细记录;其次,教师依据班内实际情况制定量化考核表,由小组长根据记录对组员计分;最后,教师随机提问,根据答题速度、问题难易度、答题质量等情况进行计分,同时对小组讨论情况、组内成员团结度、学习气氛、组内成员精神面貌等多方面进行综合评价,全面了解学生的学习情况,充分调动学生的学习积极性。

五、改革传统考核方式

科学合理的会计专业考核体系是保障教学质量的必要措施。当前高校会计专业考核体系模式陈旧单一、缺乏网络化因素，且过度强调书面理论知识考核，没有将重点放在学生综合能力及理论联系实际上。因此，高校应当完善会计专业考核体系，把综合胜任能力作为会计专业学生成绩考核对象之一，充分反映新时期对会计人才培养目标的新要求。

（一）改革会计考试内容

"互联网+"时代，会计教育应以培养学生的知识能力、核算能力以及非核算能力为目标，考试内容应当体现对上述内容的综合考查。对理论基础要求扎实掌握的学科，如基础会计课程，可以客观题为主进行考核，考查学生对理论内涵的掌握和理论联系实际的能力。对分析类、综合类课程，如财务报告分析、风险与战略管理，应当以主观题考核为主，考试内容应源于教材而又不拘泥于教材，结合最新行业案例进行设计，以考查学生分析能力、判断能力等非核算能力。

（二）利用网络化改革会计专业考核方式

当前，高校会计专业考核方式除了实践类课程考核之外，基本都是纸质试卷类考试，答辩方式、小论文、总结报告较少采用。"互联网+"时代，高校应当与时俱进，积极改变传统的考核方式，根据课程性质采取合适的考核形式，对会计专业学生进行知识和能力考核。可以采用笔试、答辩、提交报告、案例讨论多种组合方式，增加作业、课堂表现考核分数，充分发挥考试的激励和导向功能。

根据网络化对考核方式进行改革，引进在线考评系统。当前，会计初级中级职称考试、注册会计师考试都采用网络在线答题形式。会计教育应当紧跟时代形式，增加在线考评系统，既节约资源又提高效率，还可有效防止学生抄袭等现象。

(三) 严格考核要求

当前会计专业教师对课程考核标准执行不严格，使学生处于学不学都能通过考试、突击背诵也能拿高分的外部氛围，给学生蒙混过关的念头和机会。这样的考试方式是导致教学不理想的重要因素。因此，会计学专业应当制定严格的考核标准并严格执行，贯彻落实。营造良好的学习氛围，激发学生的主动性。提高学生知识素养和职业能力素养，改变学生高分低能的现象，为职业发展打下坚实基础。

第六节 结 语

一、研究启示

会计教育已经步入信息时代，以硬件、软件、网络等为核心的信息技术已渗透到会计教育发展的各个方面，对会计理论和会计实务产生了重大影响。随着信息系统功能的不断改革更新，财务会计人员的工作重心由会计核算转为内部控制、财务分析和风险管理等管理领域。"互联网+"时代，核算型会计人才的供给远大于需求，而具备宽厚专业知识、较强分析能力、决策能力、表达能力的高素质会计人才是企业急需的、具有较强竞争力的人才。尽管我国高校本科会计教育在数量和质量上都取得了很大进步，但仍不能满足行业发展需求。因此，促进"互联网+"时代高校会计教育发展，应以信息化引领教育理念和教育模式的创新。

（1）在会计人才教育中要注重会计人才基本核算能力培养，更要注意培养其分析能力、沟通能力、创新能力等非核算能力，以解决会计人才供需脱节问题。

(2) 在会计人才培养目标方面，高校应以社会需求为主要导向，培养具有扎实的现代会计理论知识、熟练掌握现代信息技术手段、具有终身学习意识与创新能力的复合型、应用型的高素质会计人才。

(3) 重新构建合理的课程体系，将企业经营管理环境嵌入实践课程教学中，并增加网络信息化方面的专业课程，重视理论知识体系与能力培养的整合。

(4) 以信息化嵌入理论与实践教学中为理念，对会计教学方式进行改革。充分利用互联网技术为会计教育提供的多媒体、视频等教学技术；加强创新性教学方法的使用；多种教学方法结合使用，在培养核算能力的同时还应培养非核算能力。

(5) 改革考核方式，高校应重视对非核算能力的考核。在考核内容上应当加大主观题的比例；形式上可以增加小论文、总结报告等考试方式的使用和分数分配比例；引入在线考核系统；严格执行考核标准。

二、主要创新与推广价值

（一）主要创新

(1) 在研究选题方面，以"互联网+"时代高校会计人才胜任能力培养为主题，基于国内外文献综述，详细论述了"互联网+"时代对高校会计人才培养方式的影响，与时俱进，顺应了"互联网+"时代发展的要求，体现了选题视角的创新。

(2) 在会计人才胜任能力构想方面，首先通过文献研究法，收集、查阅国内外关于高校会计人才胜任能力培养相关的研究文献，紧扣我国财政部在其发布的《会计中长期人才发展规划（2010~2020年)》中所提出的对各层次会计人才的相关要求，提出了"互联网+"时代初级、中级、高级会计人才胜任能力评价指标设立原则，然后利用层次分析法从知识、能力、技能和素质四个方面分析了"互联网+"时代初级、中级、高级各级会计人才胜任能力评价指标体系及其内容。

(3) 在研究内容方面,重点探讨了"互联网+"时代会计人才胜任能力培养路径。例如,会计案例教学法的探索,有利于提升教师运用互联网技术开展实践案例教学的能力,还有利于通过案例教学方式培养会计专业学生运用互联网技术与思维进行财务决策、分析处理信息和数据等方面的技能。

(二) 推广价值

本书极力提倡要引导和培养会计专业学生树立终身学习的理念,高校应随着社会经济环境的变化和企业发展需求不断改进教学模式,创新教学方式,充分运用互联网、大数据和信息科技开展实践教学,提高教学质量。鉴于此,本课题研究成果的受益范围不限于开设会计专业的高校,同时还涉及相关教育行政管理部门、财政部门、注册会计师协会等,尤其本课题的理论性成果,有助于为这些部门和机构提供理论借鉴,加快经济新常态下我国高质量会计人才培养步伐。

三、未来展望

"互联网+"时代随着互联网技术的迅速发展,社会信息化环境在不断变化,会计信息化也在不断发展,会计人才职业胜任能力必须适应不断变化的外部环境,才能更好地服务于企业管理,更好地适应社会发展需求。所以,会计人才胜任能力培养并不是一劳永逸的,而是一个动态发展和不断更新的过程,我们需要与时俱进,随着外部环境的变化对其进行相应的改进和完善。另外,初级、中级、高级不同岗位等级的会计人才胜任能力具体要求不同,会计人才胜任能力评价指标体系的完善及其在实践应用中可能存在的问题等有待今后进一步探讨。

第二章　互联网视域下会计信息化人才培养研究

摘　要：随着我国互联网的不断发展，加速了财务与业务的深度融合。时代的发展对高素质人才的要求已经越来越迫切，尤其是电商的发展对精通信息技术、计算机、经济、金融和管理等方面的人才的需求更是强烈。会计人才培养是当代企业发展过程中会计工作发展的一个大趋势，能够促进企业经营的多元化，提升企业的战略决策能力，对企业的发展有着至关重要的作用。会计信息化有利于提升会计工作的效率，也可以增强企业面对复杂市场环境的竞争力。在网络环境下，信息技术可以解决会计电算化"孤岛"现象，有利于提高企业管理层的决策能力以及管理水平。

本部分首先通过对会计信息化人才培养的理论进行研究，得到了会计信息化人才培养的目标和新的要求；其次对当前网络会计人才培养现状和问题进行分析，从分析中可以看出，当前我国信息化会计人才培养主要的问题就是复合型会计人才的匮乏；再次本部分分析了产生这些问题的原因，主要原因还是会计信息化过程中在人才培养和学校教育方面产生了矛盾和滞后；最后探讨了在"互联网+"背景下培养会计人员的途径，分别从高校、企业、个人三个方面提出了整改措施，为企业发展出力献策，促进企业发展。

第一节　会计信息化人才培养的理论概述

一、会计信息化的含义

会计信息化简单讲就是将会计专业的工作内容与现代化信息技术相结合，通过信息技术对会计的工作数据进行获取、加工、传输和应用处理，将会计工作信息化，为企业的日常经营管理、内部管控决策和经济运行提供有效的信息管理。会计信息化是当今社会发展的必然产物，由于近年来信息化社会发展不断向广深发展，信息技术越来越成熟，任何工作都开始与信息化技术相融合，会计也不例外，这也是未来会计的发展方向。会计信息化对于我国企业的发展将带来巨大的现实作用，对财务管理提出了新的要求。

二、会计信息化的优势

会计信息化的发展是随着网络时代的发展将传统会计重新整理使用的过程，对于现实工作来说会带来以下三个方面的作用。

（一）提高工作效率

会计信息化的发展可以使会计核算系统更加规范和正规化，免除了手工录入会计信息和会计核算环节，只需要将数据人工录入电脑，很多信息便可以自动形成会计需要的信息，从而使会计的工作时间缩短，大大提升了会计的工作效率。

(二) 提高了会计信息的准确性和可靠性

会计信息化相比于传统的会计而言，信息更加全面准确，录入一次便可以长期使用，不会受到公司倒闭的影响，其可靠性可以保证。同时也避免了纸质版手工录入时部分信息缺失或者部分信息不准确的忧虑，减少人为舞弊等现象的发生。

(三) 实现在线业务办理，降低企业财务风险

会计信息化的实现将使企业的会计部门与税务、银行、社保、公积金等部门建立网络联系，工作来往也从现实接触变为部分网上执行，这样来往账目信息将会实现留底存根，既方便了会计工作，同时也降低了公司在财务方面承担的风险。

三、会计信息化对会计人才提出的新要求

新形势下，企业的会计人才急缺的是复合型的人才，只有复合型会计人才才能够在激烈的市场竞争中帮助企业制胜，才能为企业的发展带来更好的发展动力。

(一) 熟练掌握会计电算化

会计电算化是会计行业的一次具有深远意义的变革，这一变革不仅将会计从繁重的财务信息工作中解放出来，还对会计工作的效率提升和准确度起到了巨大的作用。然而在信息化发展的今天，会计电算化也在发展，对人才的要求也在提高，一方面要求会计人才迅速掌握各种会计软件的使用，另一方面还要求企业的会计人员对互联网有所了解，提高会计在企业决策方面的作用。

(二) 拥有深厚的知识背景

当前社会是一个信息化时代，无论从事什么行业，都必须有深厚的知识背景和专业体系。就会计人才而言，在这样的社会大背景下，要求会计人才在掌握会计专业知识的基础上，拓展国际会计和商务惯例，而且还要对所从事行业的行业信息、社会信息有所积累，以方便做出更为符合企业需求的会计数据分析，为企

业提供更为科学的会计资料。

(三) 创新能力、数据分析能力

在以上两点要求的基础上，对当前会计人才还提出了会计人才要有创新能力和数据分析能力的要求，因为当前的会计业务，并不是简单的记账、查账功能，会计工作已经逐渐地开始向企业的经营战略决策方向发展，在未来，会计的主要职责不是记账、查账，而是企业财务的分析，这就要求财务人才应该具有财务分析能力与创新能力。

四、会计人才培养新目标

会计信息化对会计人才的要求随着信息技术的发展而不断增强，会计信息化要求从业人员必须兼具信息技术和会计专业知识，属于复合型人才。

(一) 以培养会计人员的综合能力为核心

当前我国会计的教育仍然停留在培养会计专业人才上，然而现在社会对会计的要求是会计人员必须具备以会计专业为基础的综合能力。会计信息化要求会计从业人员能够对会计知识有着更深度与广度的了解，包括会计专业知识和信息技术等方面的知识，同时对于企业管理方面也要有所涉猎，对行业知识以及社会背景知识都要有所涉猎，最重要的是对国际会计和商务惯例进行深入的研究和分析，只有这样，才能够在现代企业的信息化会计管理中担任更关键的职位。

(二) 会计+信息化专业要求

会计信息化的专业要求非常高，所以对人才的要求也比较高，一般必须具有会计和信息化双重职能的会计人才方能胜任。由于信息化环境下的会计工作需要在业务量减少的基础上，对业务的处理更加多样化，对财务的判断、分析、控制的要求更加高，所以要求信息化环境下的业务从业人员必须具有数据输入、分析、输出等能力，为公司的经营决策提供更加可靠的参谋数据。在业务基础上，对于沟通、数据处理分析、市场预测等方面都要有更高的要求。

(三) 差异化人才培养战略

从我国会计教育的实际情况出发，分阶段、多层次地确立会计人才培养目标。

区分专科、本科、硕士、博士等不同的阶段，对专科生应注重实际操作技能的培养；本科教育应注重学生综合能力及社会适应力的培养；对研究型院校学生应发挥其科研实力雄厚、综合能力强的优势，注重培养研究能力和创新能力；对于教学型大学，应根据国家和本地实际，培养出高素质、动手能力强的应用型人才。不同层次的高校应根据其教学资源有针对性地确立会计人才培养目标，以满足社会不同层次对会计人才的需求，体现不同学校的办学特色。

第二节 会计人才培养的现状及存在问题

一、信息化会计人才培养的现状

我国网络会计发展起步比较晚，再加上相关法律法规的相对不健全，所以，我国的企业会计信息化发展的现状并不是很如意，具体表现如下：

(一) 缺乏专业的复合型人才

随着文化水平的提升，当前我国企业会计人员的从业素质有了明显的改善，在基本操作方面，以及常规工作方面都有了很大的提高，但是不得不提出担忧的是，基础人才的过剩和复合型人才的短缺。当前会计信息化发展阶段是会计信息化管理阶段，会计信息管理人才除了需要专业过硬之外，还需具备数据综合分析能力、企业管理能力等多种能力的复合型人才。

（二）对信息化会计的认识存在误区

长期以来，我国对信息化会计的认识还停留在"电算化"阶段，很多高校在培养会计信息化人才的时候，教师都认为学生对于信息化背景下的会计主要是对软件的掌握。在企业方面，对信息化会计的认识也是如此，能够熟悉软件就算是成熟的信息化会计人才。然而，真正的信息化会计人才需要有很多的能力，除了要熟练掌握财务软件之外，对会计法、国家商务原则、计算机知识要有专业的掌握，这种对信息化会计的理解误区一直阻碍会计信息化发展。

（三）高校课程设置不合理

在我国的高校专业培养方面，会计专业与计算机专业是属于不同学科的，这种跨学科之间的综合人才培养受到教育思维的阻碍，也受到教师水平的影响，必然会产生一定的矛盾。在飞速发展的经济环境下，会计教育存在滞后性的特点，会计教育课程设置不够全面，不能满足当前经济社会发展的需要。各高校实践课程设置形式单一，综合性不强。企业理财实务、会计查账实务等专业拓展课普遍设置较少。高校除了设置会计主修课程，还要开设市场营销、财务资源管理及决策、组织行为学、商业环境、普通法、商务决策、商业战略、市场调研、会计管理、成本和预算、财务报告、财务体系和审计、税收、企业效益管理、营销计划、销售计划与实施、营销谋略等课程。同时，增加双语课程教学量。

（四）企业会计实训流于形式

企业会计实训过于表面化，主要表现在四个方面：

第一，会计除了专业性的要求之外，在会计从业人员的工作中还兼有保密性质和严谨性，所以，核心业务实习生无法接触。

第二，会计工作本就纷繁复杂，工作中极易出现错误，而实习生因为不熟悉业务流程，出错的概率大大增加，使会计工作的效率受到影响，所以很多企业不接受实习生。

第三，会计从业人员的自身的工作量本就非常大，如果再加上教导实习生的工作，负荷过大，且很多核心素养和经验也不愿意传授给新人。

第四，很多企业的实习生只能了解到表面的财务工作，做一些辅助性工作，无法有效提升自己的实力。

二、会计专业人才培养存在的问题

根据我国人才供给调查报告的分析指出：我国的财务人才供给出现了金字塔式的人才性短缺，中低财务会计人员饱和甚至富裕，而信息技术和会计专业两方面兼而有之的人才极度缺乏。

（一）只注重传统理论研究，缺乏更新

网络会计的发展是建立在传统的会计理论基础之上的，同时还要兼有对信息技术理论的研究，将二者有机结合才能够对会计信息化的发展产生巨大作用。而我国当前的会计信息化人才的培养更注重会计相关理论的传授，对于信息技术理论传授较少，这样不利于会计信息化人才的全面发展，对会计信息化人才的全面发展将产生理论阻碍，不利于其全面发展。

（二）对网络会计认识不足

当前，我国的网络会计在软件建设方面发展迅速，但是人的思维发展却很慢，主要是因为人们对会计信息化技术的发展认识不足，当前的认识还只停留在通过信息技术提升会计的工作效率，而没有认识到会计信息化在企业管理和经营决策方面的重要性，缺乏对会计信息化的全面而深入的认识，所以，公司在财务人员信息化培养方面还只停留在表面，将会计的工作职责固定化，没有以发展的眼光看待事情和工作，在他们的眼中，尤其是中型企业的管理层，认为会计人员只是完成计算和报税等基础工作的部门，而没有对他们在企业决策方面的作用引

起重视，最终导致企业的财务部门成为职能部门，而不是功能部门。

（三）会计人员素质与会计信息化有一定差距

会计信息化对会计人才及相应管理人员的素质要求大幅度提高，注重信息人才要具有较高的会计业务处理技能和管理能力，而且还要精通计算机网络知识、计算机的基本维护技能以及解决实际问题的能力。当前，我国初级和中级会计人才供给饱和，而高尖端信息技术与会计相结合的专业人才却极度缺乏，供不应求。能完成基本业务会计工作的会计人才远远超过岗位需求量，而真正能满足会计信息化需要，推动会计信息化发展的高层次会计人才相当紧缺。

（四）教学内容的改进滞后于时代发展的全新需求

"互联网＋"时代，会计知识传播与更新的速度加快，会计学习模式转变为随时随地学习。当前，多数高校本科会计教学模式的设计还依然是以实体课堂教学、实体企业账务操作以及传统时代的市场需求为主，会计教育的培养目标不能适应社会快速发展的全新要求，没有建立与"互联网＋"背景相适应的会计人才培养模式。目前，高校本科会计教学模式滞后的表现为：依然沿用教师为主导、学生被动接受知识的传统模式，忽略学生学习的主动性、个体性，削弱了师生之间的双向互动，缺乏教学方式的创新。"互联网＋"时代，教师不再是学生学习知识的单向传输者，而是转换成为学生的引导者。

第三节 互联网视角下会计人才培养问题发生的原因

在我国，互联网普及率已经超过世界平均水平，达到了53.2%，这一数字的背后可以看出，当前社会，无论是工作还是生活，都已经离不开网络。对个人如此，对企业也是如此。在这样的背景下，大型企业开始逐步以互联网为根据地，运用电子商务将产品的信息发布、原材料的采购、产品的销售都在网上进行，并与上游企业建立起了设计、制造、管理的全方位协调发展，这一趋势一直在不断增强。中小企业也开始意识到并逐渐应用电子商务，为其发展打下了坚实的基础。

一、传统会计人才培养模式难以满足现代企业新需求

传统会计模式是以手工记账、算账、报账为主要的工作内容，近年来，大部分企业实现了会计电算化，但是工作量依然居高不下。高负荷的会计工作难免会出现一定的错误率，既影响工作效率，又影响工作的时效性。在我国，传统的会计模式会带来很多的不便和错误，如会计信息传递矛盾，会计信息错误率居高不下等。而现代企业的发展最讲究的就是时效性，如果错过了市场机会，就会错过很大的机遇，错误的会计信息也会给现代企业带来损失，传统的会计模式对企业财务有五个制约。第一，过大的会计工作量不利于会计工作效率的提升。第二，无法为企业参与国际竞争提供帮助。第三，办公地点受到限制，不利于随时办公。第四，传统的会计模式无法参与企业的管理，主要是对成本的核算和管理。由于工作效率和工作负荷大，成本核算的数据提供一般都相对滞后，这对于企业在对自身物资和资金的管理方面都有很大的约束，不利于企业的预决算；第五，落后于市场和商业发展，传统的会计模式已经落后于市场形势，再加上不支持电子商务应用，在电子商务发展迅速的当下，已经越来越不适应当今会计的发展。

二、会计信息系统将产生革命性变化

自从中国加入WTO之后，中国开始逐渐参与国际市场竞争，一直发展到现在，已经逐渐融入了世界经济大圈之中了。而与国外企业相比，在企业管理和会计信息化方面，我国企业都有不足，所以为了提升国际竞争力，必然要实现管理

的现代化和会计信息化,以便为企业在做企业决策时,提供辅助判断的工作。

(一) 会计功能扩大化

与会计信息化相比,传统的会计信息系统主要功能有所欠缺,只能反映企业经营活动的基本功能,而在互联网时代,会计信息化使会计工作的内涵和外延都有所变化:第一,互联网的使用者范围扩大,在互联网时代,会计信息的使用者不再仅仅是企业内部的会计部门和企业的管理层,而是扩展至企业外围,包括投资者和政府部门,以及技术供应商。第二,会计信息化将改变货币价值信息的重要性,然而会计信息化能够为企业的决策提供更多的依据,诸如在创新能力、客户满意度、市场占有率、虚拟企业创建速度等方面都有所依据。会计信息化的发展,扩大了企业决策的数据信息化,为企业决策提供更有力的助力。第三,互联网使会计信息化的操作流程变得更加简易,同时也变得更加方便,把企业的会计人员从繁重的企业财务工作中解救出来,在企业管理和决策方面,提供更多科学数据。互联网的发展给会计发展提供了新的机遇,使会计信息化发展更加壮大。

(二) 财务信息的搜集处理使用动态化、实时化

互联网背景下,财务信息实现了共享,所以企业各部门之间对财务信息的搜集是实时的,没有时间和空间的界限,无论是企业的内部数据,还是外部数据,都可以在系统中调出进行搜索、查询。在互联网背景下,企业的原始数据和记账凭证都被记录于数据库中,可以实时做账,实时查阅,而这种状态对于企业的经营状况和成果都能够动态查询,账面信息都能够如实地反映出来,这样可以使企业的财务数据随时结清,有助于企业的发展。互联网会计信息化的发展,对我国企业的会计信息做了更加动态、更加实时的分析,也对当前的企业经济环境判断做了更好的安排,所以,财务信息化的实现,必然能够对企业的发展乃至企业的会计人员有巨大的提升作用。

(三) 财务信息无纸化

会计信息化的发展对企业财务的分析和发展都有非常重要的作用,其中最重

要的一点就是无纸化。第一，数据输入无纸化，数据通过电脑录入，既可降低财务人员的工作负荷，同时又可以节省运营成本，还可以降低财务工作的出错率，可谓一举三得。第二，处理过程无纸化，会计信息化录入的数据可以自行完成数据处理，节省财务人员的分析过程，大大提升工作效率和准确率。第三，财务信息输出无纸化，财务信息与互联网连通，可以使财务信息的储存和输出都通过互联网实现，以网络方式输出的数据可以直接观看，无须以纸为媒介，可以节约成本，也可使数据的运用更加便利实时。

（四）结算支付电子化

结算支付随着网络时代的到来更加便捷，结算方式逐渐由货币支付慢慢转变为电子支付，而电子支付主要是由中国人民银行牵头达成的，在当前越来越便利，越来越成为主要的支付方式之一。当前无论是电子商务，还是网上购物，基本前提都是网上支付，网上支付既无须现金交易，也无须支票交易，只需要网上转账即可。1999年，包括中国人民银行在内的建设、工商、农业几大银行共建"金融认证中心项目"，这标志着我国的互联网金融支付的开端，也是未来发展的趋势。结算的电子化，我国的现金支票将会慢慢退出资金流通领域，逐渐实现结算的电子化。

（五）财务、业务协同化

财务、业务协同化是互联网的发展与普及的结果，而财务软件的使用使得财务信息的使用和发布逐渐由企业内部转移到企业外部，实现财务信息共享，对于企业之间判断市场趋势有着重要的作用。

（六）决策支持群体化

企业决策层决策以前是凭借企业经营管理人员的经验和当前市场的判断，而随着财务软件使用，可使财务信息通过互联网传递到每个人员手中，企业在国内，则传递至国内，企业跨国，则可跨国运用。互联网提供的环境支持将使企业决策发挥集体的智慧。

(七) 财务人员工作方式网络化

传统的财务工作需要财务人员手工记账、入账、分析，当时没有电脑，所以必然如此。随着电子信息技术的发展，逐渐实现了财务电算化，使财务工作逐渐由手工发展为计算机财务，财务人员的工作方式由手工转为计算机录入。而今，随着财务的发展，会计信息化逐渐进入企业视线，当前大部分企业都实现了互联网财务，财务信息实现了随时传输、随时共享，对企业财务状况有了一个直接的了解，同时也使企业通过财务信息对未来的经营预测更具时效性，不仅提高了工作效率，还对企业的发展有更好的作用。

(八) 财务部门扁平化

传统的财务工作分工明确，一个岗位一个人员，每个岗位都不可替代，缺少一环便缺少一部分账单，所以，在传统会计模式下，会计部门人员最多，也最是效率低下，而现今在互联网背景下，会计信息软件将一些财务岗位模糊化，很多财务职能如出纳、成本、材料等岗位可以逐渐模糊化，总账、报表等岗位可以被取消，而对于数据搜集、数据分析等岗位则需要加强，这是财务信息化带来的变化，也是财务部门的扁平化趋势，不再有太多的主管和经理兼任财务部门领导，而是将职权分散于每个岗位之中。

(九) 财务工具 Web 化

与传统的财务工具相比，互联网财务软件的应用是网上办公，也就是互联网财务工具 Web 化，互联网工具 Web 化可使客户的财务服务器置于电脑上，也可以是便携式的。互联网的财务管理使财务的核算与管理发生了巨大变化，形成了高效率低成本的互联网会计信息化。

第四节 "互联网+"时代会计专业人才培养改进措施

会计专业人才培养主要是对复合型会计人才的培养,这是企事业单位在未来的发展中必须遵从的。各大高校、职业学校都需要为社会输出高质量的技术应用型人才。在我国,会计教育具有职业性、岗位性、针对性和实用性等特色,其最终的目的是为企业培养高素质会计人才,培养学生的软件操作能力和职业能力以及数据分析能力。在当前会计信息化趋势下,对会计人才的培养主要是对财务分析能力和财务创新能力的培养,从核算型会计逐渐转变为决策性会计,在互联网背景下,会计人才培养还要从三个方面入手。

一、高校教育:培养互联网思维

(一)高校的会计信息化教育要多元化

传统的会计专业以基础知识教育为基础,但是在互联网时代,也要增加网课、微课、翻转课堂等教学形式,丰富学生的教学模式,拓宽学生的学习渠道,丰富学生的学习内容,借以增强学习效果。新教学手段的运用可以有效培养学生的独立学习、思考和解决问题的能力,对于学生未来的职业发展和人生发展都具有非常重要的作用。互联网背景下的高校教育需要以提升学生综合素质为核心,才能够满足新时代会计人才的需求。

(二)培养学生的互联网思维

会计信息化时代的到来对会计专业的学生提出了更高的要求,不仅对专业知识有要求,也对学生软件适应和运营能力、数据收集和分析能力提出了更高的要求。一般而言,数据信息化时代,财务学习的重点在于将理论与现实技术相结合,构建全新的学习模式,并将教育逐渐社会化,加强学生的毕业后教育和财务信息化教育。

二、企业层面:加强培训、调整人才结构

(一)注重企业财务人员的培训,并建立多种培训方式

第一,培训要循序渐进,根据各企业对会计人才的要求,对会计人才的培训要循序渐进,首先要从会计专业知识入手,然后加强互联网技术、财务软件使用、平台管理与应用的培训。

第二,企业内部开展各种形式的培训,可以以网络为基础,进行网络培训、微课培训等,也可以邀请著名的会计专家进行讲座培训,在平时的培训过程中,多注意人才的培养和储备。

第三,企业内部开展各种比赛交流活动,以促进会计信息化知识的消化与应用,活动开展形式可以是技能大赛,也可以是论文评比,总之目的只有一个,那就是提高大家的学习兴趣,使知识掌握得更扎实,同时还通过各种物质上和精神上的奖励促使财务人员工作干劲十足,学习劲头十足。

(二)优化财务会计人员结构,实现财务会计的扁平化管理

第一,企业要制定相关的财务人员岗位职责和岗位待遇方案,该方案对财务人员的具体职责、薪酬待遇都要有明确规定,优化财务人员队伍,另外还要对财务人员建立起相应的奖惩措施,以便能够更好地管理和制约财务人员,使财务人员认真工作。

第二,加强财务人员的人才储备,通过对高校和社会上的优秀财务人员进行考查和引进,并加以重点培养,来促进企业的发展。

第三,实行轮岗制度,一方面是使每个财务工作者都能够熟悉工作流程,万一发生突发事件,不至于使财务工作形成短流;另一方面通过轮岗制度,可以有效培养新人和重点培养对象,为企业财务工作积蓄力量。另外,通过轮岗还可以有效地提升会计人员的素质,从中必然能够涌现出一些业务能力强、数据分析能力强,对企业发展有重要作用的人。

(三)加强校企合作的模式,使学校的人才能够迅速为我所用

第一,与学校订立用人意向,使学校为企业培养专业化的、高素质的、对口的会计人才,这对于企业和学校来讲是双赢的,不但为企业解决了人才问题,同时也为学校解决了就业问题。

第二,制订企业财务人员的学校再培养计划,学校一直都是知识的传播基地,如果能够将企业的财务人员定期在学校进行再培养,不定期举行财务课程讲座,必然能够有效提高企业财务人员的素质,促进企业的发展。

第三,组织财务人员骨干培训班,财务人员的骨干培训班是企业为自身发展培养财务人才的必经之路,也是企业发展的最终归宿。

第四,通过学校培养一批中高级会计职称人才,为企业的会计发展做出贡献。

三、个人层面:加强信息技术学习

(一)具备网络技术业务处理能力

随着我国会计信息化的不断发展,会计从业人员必须从自身找原因,迅速提升自身的业务处理能力,这是一名工作人员的立身之本。一方面,要对会计的基本知识和基础知识烂熟于胸;另一方面,一定要对互联网技术、会计软件的使用和管理,以及网络平台的运行与维护都能熟练运用,向复合型人才靠拢。

(二)提升自我信息判断能力

会计信息化的发展必然引起会计职务的变革,随着会计信息化的发展,会计

的工作已经逐渐转变，由财务信息的处理和提供，逐渐转向了对财务数据分析和参与企业决策，财务信息的录入不再是最重要的，而对企业发展的决策前预测和在企业决策执行过程中的成本控制变得尤为重要。所以，对于会计从业人员来讲，具备一定的行业判断能力、市场分析能力和敏锐度都有更高的要求。

（三）要有保障会计信息安全的能力

随着互联网、移动设备、云计算和社交媒体等新技术、新载体的大量运用，会计信息系统将面临被外部攻击的风险。所以，必须强化保障会计信息安全的能力，有效防范会计数据被截取、篡改、损坏、丢失、泄露等风险。

第五节 结 语

网络会计是当代企业发展过程中会计工作发展的一个大趋势，能够促进企业经营的多元化，提升企业的战略决策能力，对企业的决策和企业未来决策执行能否成功有着至关重要的作用。企业在发展的同时，除了对自身产品的质量进行提升之外，还应该重视会计部门对企业资金的充分运用能力，将会计信息也纳入企业的管理体系中，在企业的发展过程中起到更加积极的作用。随着我国社会环境和市场环境的不断变化，企业对于复合型会计人才的需求更加迫切，培养满足社会需求的会计专业人才成为会计专业发展的方向。

第三章 会计人才培养方案研究
——以九江学院会计学院为例

摘 要：本部分首先介绍信息技术发展背景，明确会计人才培养的目标，以九江学院会计学院作为案例，探讨"互联网+"时代下会计教师队伍建设、会计教学资源建设、会计人才培养过程、会计教学质量保障四个方面存在的问题，针对性地对这些问题提出言之有效的解决措施，对未来会计人才培养提供重要的理论依据和实践参考。

"互联网+会计教育"倡导以学生为本的原则，以学生学习体验为导向，尊重每位学生的个性化和多样性选择。需要注意的是，"互联网+会计教育"并不是简单地"会计教育+互联网"，而是将互联网信息基金与传统的会计教育行业相结合发展，创造一种新的发展生态，将互联网的创新成果融入会计教育中，提升教育行业资源整合能力、协同发展能力。

"互联网+"时代呈现出"跨界融合、创新驱动、重塑结构、尊重人性、开放生态、连接一切"六大特征。"互联网+"时代，高校会计人才培养是多系统平台、多资源类型、多技术融合、多终端设备与多传输途径相互结合的过程。2016年，国家有关信息化的各项政策法规不断出台，不管是《关于加强高等学校在线开放课程建设应用与管理的意见》和《教育部高等教育司 2016 年工作要点》,还是《教育信息化"十三五"规划》,或是《中央部门所属高校深化教育教学改革的意见》《国家信息化发展战略纲要》等都着重强调各级政府和高校在"互联网+"时代应充分重视在线资源开发、使用和推广的作用,按照"服务全局、融合创新、深化应用、完善机制"的基本原则,稳步推进教育信息化各项工作,号召"高等教育要通过消化吸收 MOOC、翻转课堂等新型教育模式,创新高校教学和管理模式,提升创新人才培养能力,积极推动跨学校、跨地区课程共享服务,推动线上课程学分互认,促进高等教育优质资源广泛共享",并明确提出"加快信息技术与教育教学深度融合"。由此可见,高校会计人才培养改革势在必行。

人才培养方案是安排教学内容、组织教学活动的基本依据。因此,与时俱进,制订科学完善的会计人才培养方案,关系到会计人才培养改革建设及发展。本课题组结合 2018 年 11 月九江学院会计学院(以下简称"学院")本科教学水平评估建设工作成果,重点从会计教师队伍建设、会计教学资源建设、会计人才培养过程和会计教育质量保障四个层面,探讨"互联网+"时代学院在会计人才培养改革建设中存在的主要问题及解决措施,以期能够为学院会计人才培养方案修订完善提供相关借鉴,推进"互联网+"时代学院会计人才培养实践发展进程。

第一节 "互联网+"时代会计人才培养定位与目标

一、会计人才培养定位

"互联网+"时代,学院应与时俱进,以会计信息化人才培养为中心,突出会计专业学生的会计信息化能力培养与互联网技能发展;基于"互联网+"背景，充分运用"会计人才知识能力化培养框架"，实现会计人才专业胜任能力与创新能力协同发展；以适应"互联网＋"时代社会发展需求和企业会计人才需求为导向，充分考虑社会经济发展需求，对接和服务社会经济发展和企业会计人才需要。

二、会计人才培养目标

"互联网＋"时代为本校会计人才培养创造了新的机遇，也提出了新的挑战。"互联网＋"时代，会计人才培养重在面向未来，履行会计预测、决策、规划、控制和考核的职能，重在为企业经营发展提供全面预算、财务分析、绩效评估、风险防范、组织管理及商业策略，从而为企业创造价值。

总体而言，"互联网＋"时代，会计教育培养的会计人才要符合市场经济发展需求，具备高尚会计职业道德、敬业精神和诚实守信品质，掌握经济学、管理学、外语、法律、计算机应用和会计专业知识，具有实践能力和沟通技巧，具备企事业单位及其他相关部门胜任会计及相关专业岗位的综合素质、会计专业基础扎实、会计实践能力强，具有"互联网＋"时代创新创业精神的高级应用型会计人才。

具体而言，培养系统掌握会计学科、会计专业必需的基础理论、基础知识、基本技能及相应的互联网知识、技能，提高会计专业学生的"知识能力化水平"，毕业后能尽快满足"互联网＋"时代会计专业岗位要求，胜任会计本职工作。

三、会计人才培养中心地位

学院应充分重视"互联网＋会计教育"教学改革建设工作，采取各种有效措施加强"互联网＋"时代会计人才胜任能力培养，做好"互联网＋"时代会计教学工作的顶层设计，制定关于"互联网＋"时代会计人才胜任能力培养的五年规划建设方案,将加强会计专业学生的"互联网+会计教育"知识技能培养、深化"互联网+会计教育"教学改革作为重点内容纳入五年规划建设方案中,并提出明确的"互联网+会计教育"人才培养目标、培养政策和科学举措,整体推进,配套实施。

第二节 "互联网+"时代会计教师队伍建设

立足特色会计人才培养与会计优势学科专业打造,推出"五位一体"会计师资培养模式,强化"双师双能"师资队伍建设,同时兼顾会计师资队伍自我培养与外部聘请,大力推进"学科带头人工程""教学名师工程""教学团队建设工程""科研团队建设工程"等人才工程建设,会计学院现已形成一支"经验丰富、能力突出、结构合理、作风优良"的会计教师队伍。

一、会计教师数量与结构分布基本情况

(一)专任教师

会计学院现有专任教师94人,其中教授4人,副教授24人,讲师54人,博士学位教师8人,在读博士5人。教授职称占专任教师的比例为4.2%,副教授占专任教师的比例为25.5%,讲师占专任教师的比例为57.5%,博士学位教师占专任教师的比例为8.5%。从年龄分布看,56~60岁共1人,占师资比为1.1%;51~55岁共7人,占师资比为7.4%;46~50岁共10人,占师资比为10.6%;41~45岁共16人,占师资比为17%;36~40岁共37人,占师资比为39.4%;35岁以下共23人,占师资比为24.5%。在校本科生是1933人,生师比为20.56:1。

(二) 实验技术人员和教学辅助人员的数量及结构

学院现有实验技术人员 3 人，教学辅助人员 5 人。

(三) 外聘教师承担本科生教学和学术讲座情况

2015～2018 年，总计外聘教师 21 人。外聘教师主要来自知名高校和本地企事业单位，授课方式采用线下面授和学术讲座等形式，以实践类课程教学和介绍学科国际国内前沿为主。此外，还聘请了客座教授，就学生培养、教师胜任能力培养和学科发展提供指导。

二、会计教师队伍建设规划及发展态势

学院以课程群建设为平台，基于课程群搭建了 3 个教学团队（见图 3-1）。各教学团队以教学研究项目为抓手，创新教育理念；以精品课程建设为载体，推动教学改革；以学术研究为支撑，提高业务素质。

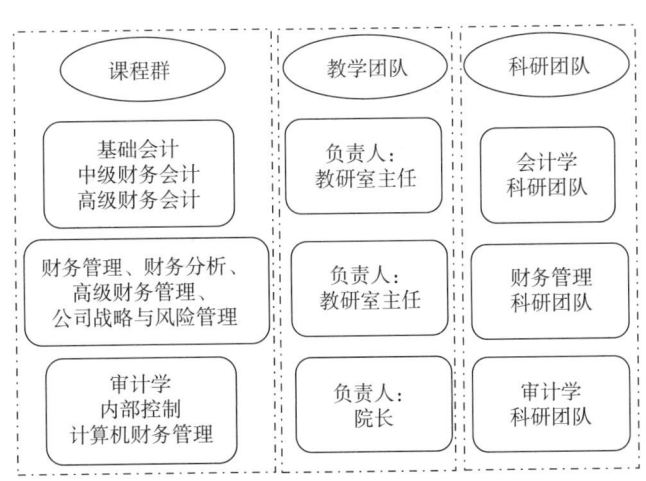

图 3-1　会计专业教学团队建设架构

与此同时，学院还制定了会计人才引进发展规划，明确引进会计博士等高层

次人才的数量目标和专业方向,并结合会计学专业特点与师资队伍专业结构优化的需要,适当引进海外著名高校或国内"985"高校硕士以及国家重点学科会计学专业硕士,形成多层次会计人才引进模式。此外,学院重点培养优秀青年学术骨干,先后选派优秀博士教师赴美访学,选派优秀青年硕士跟读、研修国内"985"高校博士课程。同时充分发挥外聘专家的学科建设推进与教学科研助推作用。

三、会计教师专业水平与会计教学能力

通过贯彻实施"五位一体"(教学研讨、短期培训、企业挂职、短期访学、学位进修)会计师资培养,学院会计教师整体专业水平与教学能力达到新高度。目前已形成会计人才培养经验较丰富、教学科研能力较突出、结构较科学合理的会计教师队伍。学院会计教师的总体教学水平较高,获得江西省首届青年教师教学比赛二等奖1项,校级首届青年教师教学比赛一等奖1项、二等奖1项。

四、会计教师队伍建设存在的问题和解决措施

"互联网+"时代促进了会计教师专业发展的开放性和多样性,为本院会计教师专业化发展提供了发展的良机。与此同时,微课、翻转课堂、慕课等网络教学形式的出现,对传统会计教学方法、教学水平和专业素养发展产生了新的挑战。

(一)"互联网+"时代为会计教师专业化发展提供了机遇

互联网信息技术的迅速发展,改变了传统教学的局面,实现了会计教育教学资源线上线下相结合的知识共享模式。教师可以通过建立互联网教学平台,以此让学生更加有效地获取优秀的教学资源,获取学习专业知识和相关领域知识,利用优质的互联网教学平台的资源,从而有利于丰富知识结构,提高会计专业技

能。这种新的获取知识模式,降低了教学方面的成本,但是教师建立专业化开放式教学平台。此外,在"互联网+"时代,会计课程教学形式更加灵活和多样,使会计教师专业发展呈现多样化发展趋势。随着"互联网+"时代的到来,各种新的教学形式走进会计课堂。

(二)"互联网+"时代,对会计老师专业化水平产生了新的挑战

在"互联网+会计教育"教学时代,教师的会计教育理念、会计教学模式、网络教学能力和信息素养必须做相应的改变。"互联网+会计教育"是互联网与会计教育的互联互通,是在尊重会计教育发展客观规律的基础上利用互联网信息技术对会计教育、会计教学和会计人才培养过程进行诸多方面的革新。因此,会计教师在掌握"互联网+会计教育"的本质内涵基础上,应该不断进行会计教育观念的改变,从教学的主导者转变成为学生的启发引导者,从单向灌输转变为双向互动对话和沟通交流,提高学生自主学习能力,充分体现学生在"互联网+"时代会计教学中的重要作用。另外,面对海量的互联网会计教育教学资源,如何搜索和甄别各种信息,提高自身的网络信息资源鉴别能力是对会计教师网络使用能力和信息素养的新挑战。

(三)存在的主要问题

1. 大部分教师未充分重视会计实践教学

当前,学院会计教学设置的理论课程比较全面,综合性也比较强,但是大部分会计教师往往只重视理论知识的教学讲解,而忽略了实践教学的重要性和应用性,这种教学方法与"互联网+"时代会计教学改革目标不太吻合。在目前的会计课堂上,学生只是学会了如何编制会计分录和财务报表,但并不一定会实际操作运用,例如,如何充分利用这些知识解决工作中的会计问题却显得捉襟见肘,这样培养出来的学生缺乏一定的分析能力和解决问题的自主性,更难培养会计学生的职业判断能力,这必然违背了目前高校会计人才培养目标。会计课程理

论是比较抽象,实践课程的学习针对大部分学生而言学习难度较大,在脱离实践教学的情况下学生较难掌握和理解。因此,"互联网+"时代,教师应该高度重视会计实践教学,在会计教学中应该让学生多加训练编制财务报表和会计分录,通过模拟会计实践教学,掌握会计凭证和账簿登记方法等,让学生从模拟实践教学中更好地理解会计知识,将知识升华,将知识转为职业能力。

2. 会计教师的知识结构断层现象较突出

以管理会计为例,"互联网+"时代,会计教师除具备管理会计、成本管理分析、数据搜集整理等知识外,还需要掌握潜在风险管理、战略选择评估、宏观政策预测、领导沟通交流等知识。同时,互联网知识是会计教育必须掌握的知识。然而,大部分教师接受高等教育时,并没有接受过互联网知识学习,导致自身知识结构断层,只能沿用传统教学方法。具体而言,"互联网+"时代,会计教师除具备互联网软件知识外,还需对移动终端设备应用自如。但当前部分中老年教师尚未达到该项的要求,不能很好地满足"互联网+"时代对会计教学的基本要求。中老年教师缺乏像青年教师那样接受互联网教育这一新事物的热情,对互联网信息化技术接受能力比较弱,也不愿使用微信、微博、QQ等联系方式给学生汇集教学资源和资源共享。青年会计教师虽然能掌握此项技术,但在会计教师队伍中所占比例还是较小,导致互联网教学手段使用率并不很高。

(四) 相应的解决措施

1. 改进会计教学方式方法,积极往实践教学倾向

"互联网+"时代,传统"填鸭式"和"灌输式"教学方法对会计人才培养太过于落后,严重影响培养会计人才质量,培养的会计人才难以满足企事业及部门对会计岗位的需求。会计教师应适时不断地改善教学方法,充分利用网络、微时代APP、智能手机APP等现代新技术实现会计课程教学内容虚拟化、课程知识能力微课化、课程教学资源网络化、课程教学方法翻转化、课程学习平台终端

化、课程学习评价智能化，利用"蓝墨云班课""QQ课堂"等线上教学软件进行点名、投票、问卷、头脑风暴、答疑、布置作业、测试，帮助教师完成线上的全过程评价，充分利用"网中网作业平台"推进无纸化考试的推广和实施，将课程按照专题或模块结合实际案例设计微视频教学资源，课堂上针对微视频案例资料，利用互联网技术教学，创造新的教学环境，促进学生对会计课程的学习和掌握，提高会计实践教学质量和学生学习效率，为学生的会计知识学习提供更为个性化、信息化的教学服务。

2. 提升会计教师信息素养，提供专业发展保障

在"互联网+"时代，为提升会计教师信息素质可以从以下五个方面入手：

第一，改变教师互联网思维，通过定期举办互联网培训、进修、继续教育、网络培训等形式提高会计教师的计算机软件编写、硬件维护等基本知识，使会计教师掌握主流会计软件操作，提升其计算机知识水平。

第二，互联网推动了会计行业的发展，要鼓励青年会计教师通过一线实践操作，积累实践经验，丰富教学内容。

第三，聘请校外优秀企事业单位专家，利用网络媒体开展教学，实现校内校外资源共享，形成集群式教学模式，将教师导学、教学、督学有机结合。

第四，改进"互联网+"会计教学方法，以会计人才培养目标为出发点，依靠硬件设施、软件、手机APP完成会计专业理论教学与实践教学，通过设置交流机会，创建网络教学平台，建立会计网络教学资源库以及学生在线学习资料库，提高会计教学的效率。

第五，会计教师在日常教学过程中，将信息技术与会计教学相融合，使信息技术成为会计教学的有效工具。例如，积极采用慕课、微课、翻转课堂等现代网络教学模式开展会计教学。

第三节 "互联网+"时代会计教学资源建设

一、会计教学经费与教学设施

（一）会计教学经费

1. 会计教学经费保障方面

学校每年按会计专业学生人数拨付包干经费，用于学院日常会计教学管理工作，所有课时费、津贴、奖金、大型设备购置等由学校另外支付，并从会计专业学生学费中拨付一定比例的经费用于会计教学中的各项开支，从而为会计专业建设提供了充足的教学经费保证。

2. 会计课程建设经费保障方面

学校给予国家级、省级、校级等不同级别精品会计课程建设相应的配套经费支持，以保障会计课程建设经费。

3. 会计特色专业建设保障方面

学校对会计特色专业建设给予专项经费。

4. 会计实验室建设和会计实践基地经费保障方面

学校每年为中央与地方共建实验室等各类实验室及实践教学基地的建设提供经费支持。

（二）会计教学设施

学院的会计教学设施包括主校区立信楼共六层的办公与教学场所，以及主校区文理实验楼一层作为实验室。学院大楼及实验室内设多媒体会议室、多媒体教室、教学团队科研工作室、教师办公室、院资料室、教师活动室等。同时，学院不断投入经费购置现代化会计教学研究设备，显著提高了会计教学管理和办公现代化水平。此外，学校建立了网络教学平台，该网络课程平台为师生搭建了学习交流的桥梁，从时间和空间上延伸了课堂教学，有效丰富了会计教学形式，提高了会计教学质量。

（三）会计图书资源

学院成立了图书资料中心。资料中心图书包括报纸类、杂志类、图书类等数千本资料，为本院师生及时了解会计专业理论与实践前沿动态提供了有力支持。

（四）会计实验室建设

学院实验中心有中央与地方共建实验室，建有会计信息化实验室、审计实验室、电子报税实验室、ERP沙盘模拟实验室、成本会计实验室、会计仿真实验室、基础会计实验室、证券交易实验室、录播平台教学实验室、财务管理综合实验室等课程实验室，配备了开展实践教学所需的多种实验软件和会计教学软件，可为400名学生同时提供全方位利用计算机软件进行模拟试验、练习、考试的条件。

二、会计专业设置与培养方案

学院专业建设注重突出自身优势，形成特色。学院开设会计学本科专业，这是学校的优势专业，招生和就业形势良好，毕业生深受用人单位好评。会计专业培养方案主要包括如下内容：

（一）以服务地方经济为导向

当前，长江经济带、鄱阳湖生态经济区建设如火如荼，地方经济建设需要大量的实用型、应用型会计专业人才。作为九江学院的老牌院系,学院为"互联网+"时代九江及江西本土的地方经济建设积极贡献力量,培养大批高素养会计人才。

(二) 务实会计专业基础

在会计人才培养方面,学院前两年主要为通识教育和学科基础教育,以此构建宽厚的学科基础;后两年重点优化会计专业教育,注重提高学生的会计专业技能。"通识+专业"的会计人才教育模式不仅有效地提高了会计专业学生的基本素质,扩大了学生的知识面,而且有效地务实了会计专业毕业生的专业基础。

(三) 强化会计实践教学

丰富会计实践教学内容,设置多种类型的会计实训、实习实践活动;丰富与会计专业培养密切相关的就业创业训练。注重协同育人与协同创新,不断推进高校与企业、高校与政府的深度合作,为会计实践教学提供更多的教学资源和条件。

(四) 培养会计创新能力

随着社会发展,创新教育已逐渐成为高等教育的重要使命。学院高度重视对会计专业学生进行创新教育。从大一开始为每个班级配备会计创新专业导师,及时与学生交流专业前沿动态,调动其创新意识,并在整个大学学习过程中,大力鼓励并有效指导学生参与挑战杯、创新创业大赛等比赛,通过与兄弟院校学生的同台竞技,有效提升学生的创新能力和经验。

(五) 培养会计国际化视野

目前,学院通过引入海外教育背景教师,以及教师到国外机构进修等多种形式搭建国际学习交流平台,开设了数十门双语课程。同时,学校不断完善公共外语教学,着重加强专业外语训练,为培养会计专业学生的国际化视野奠定基础。

三、会计课程建设与优质资源

（一）会计专业课程建设

学院不断加强对会计专业领域发展趋势和会计人才需求的研究，及时了解企业对会计专业人才知识结构的要求，尝试从市场对会计人才需求的角度来优化会计人才培养方案，会计人才培养方案的改革坚持了服务地方经济，强化会计专业学习、注重会计实践动手、培养会计创新意识的原则。在课程设置方面，按照初步定型的"4模块+1实践"培养模式来构建培养经济社会发展急需会计人才的课程体系。"4模块"中的第一模块是通识课程，第二模块是学科基础课程，第三模块是专业方向课程，第四模块是创业课程。"1实践"包括课堂实验、专业实训、综合实践三类实践课程。在此基础上，学院将继续研究会计专业领域的发展趋势，掌握社会对会计人才素质的要求，开发有利于提升会计综合素质的课程。

（二）优质会计课程资源

学院以提高会计教学质量为会计课程建设的中心，依托学院相关职能部门、教研室和课程组，积极推进会计主干课程建设，立体化建设会计教学资源。

1. 重视会计精品课程资源建设

学院高度重视各级精品课程的建设，目前已建成省级精品资源共享课2项。为学院会计本科生教学水平与教育质量的提高提供了基础。同时，推进会计教材建设，按照会计人才的能力框架要求，组织编写系列会计教材，在内容上强调知识传授与会计能力训练相结合；在形式上注重"教材+网络资源"的立体化建设，同时加强会计教学案例、会计实训指导书和习题集等教辅资料的建设。现已系统编写了会计教材、会计实训指导书、习题集和会计教学案例等教材，其中多部教材已公开出版并多次再版，具有广泛影响力。

2. 高标准建设会计实验与实训平台

一方面，利用中央与地方共建项目"基于校园网的会计实践仿真实验室"、中央财政支持地方高校发展资金项目"会计云教育实训平台"推进会计实验中心硬件建设，先后投入资金450余万元；另一方面，从企业引入专职会计实验人员和兼职会计实验教师，强化会计实验师资建设。目前已建成会计仿真、证券交易、电子报税、ERP沙盘模拟等11个专业实验室，面积达1600余平方米。实行实验室开放，为学生课外拓展提供优越条件。

3. 拓展会计实习与实践基地

学院与江西天华会计师事务所、中国银行九江常兴支行、浔城会计师事务所、中铁大桥局第五工程有限公司等21家企事业单位建立了稳定的合作关系，使之成为会计专业毕业生实习实践的重要基地。

四、会计教学资源建设存在的问题和解决措施

（一）存在的主要问题

1. 会计信息化教学资源的覆盖面明显不足

目前，学院会计教学资源信息化建设尚在起步阶段，已配备的会计信息化教学资源在教师中的应用效率不高，推广会计信息化资源使用工作有待加强。一方面，因为会计教学资源信息化建设大多是由学院教师利用会计教学之余的时间完成，这些工作受到教师的会计教学工作和其他事务影响；另一方面，部分教师在课堂和课后均使用会计信息化教学资源，但教学效果一般，还有一些教师因噎废食，信息化意识较弱，因而坚持使用传统的会计教学方式，未能主动运用会计信息化教学资源，这不利于"互联网+"时代会计专业学生的知识学习和能力培养。

2. 互联网教学的硬件设施有待进一步改善

随着学院会计信息化发展及会计学科建设布局的调整，多样化的会计教学资源需求对学院现有资源提出了进一步升级改善的要求。"互联网+"时代，互联网教学对传统会计教学方式提出了很大的挑战，与日渐增加的互联网会计教学需求相比，学院目前的会计教学、学习和办公场所等略显落后，有必要进一步修缮、改建和扩建互联网教学相关硬件设施，为互联网会计教学提供良好的基础设施。

3. 优质"互联网+"会计课程资源共享不够

学院虽能积极、主动的支持"互联网+"会计课程资源的建设，但在实际建设中尚未能调动全部教师的积极性，部分教师尚未能主动参与"互联网+"会计课程资源建设中，一些优质的"互联网+"会计课程资源仍不能在全院范围内实现有效的共享，这在一定程度上减缓了"互联网+"会计教学质量提升的速度。

4. 网络信息技术等相关互联网课程设置较少

目前，学院会计人才培养方案由学科基础课程、专业基础课程、专业方向课程、公共基础课程、公共基础选修课程、素质拓展课程、创新创业课程、会计实践课程等课程模块构成。授课形式分为理论授课、实践授课、网络授课三种形式。会计核心专业课程有基础会计、中级会计、高级会计、中级财务管理、会计学原理、会计英语、高级财务管理、成本管理会计、审计学、经济法、财务分析、税务筹划、微观经济学、宏观经济学、管理学原理、统计学、计算机基础知识等，并开设会计实践课程和会计双语课程等创新课程培养应用型会计人才。然而，网络信息技术等相关的互联网课程尚未开设，这不利于促进互联网会计教学。

（二）相应的解决措施

1. 加大会计网络教学资源和信息化资源建设

一方面，"互联网+"时代，学院应加快建立慕课团队和录播室，积极开展

《会计学基础》等会计学专业慕课录制工作；整合会计网络资源平台，建设蓝墨云班课、学习通等线上的会计教学平台，同时以会计课程组为基本单位，对参与人员进行有效的配置，积极推进各会计专业课程的网络资源建设，并有计划地逐步完善会计课件、作业、测试等线上的会计教学资源，以填补网络资源的空白。

另一方面，"互联网+"时代，学院应加大会计网络教学资源在师生中的推广使用频率，在校内为教师开设培训网络会计教学、慕课建设的专门课程，定期安排教师参加校外会计网络教学培训班，致力于培养教师养成线上线下会计教学并重的教学习惯与方法，提高线上会计教学资源的推广使用效率。

2. 进一步改善互联网会计教学相关硬件设施

为提高互联网会计教学硬件水平，学院应多方积极筹措资金，对会计教学资源建设方面不断加大资金投入，从教师的互联网教学环境、学生的互联网学习环境等方面多方位优化和改进互联网会计教学硬件设施，最终为保障和提高互联网会计教学质量提供大力的硬件设施支持。加强互联网会计教学硬件设施建设，实现多媒体设施全覆盖教学环境，进一步提高会计课堂教学形式的多样化、生动化；同时，加大力度改善教研室的办公环境，专门设置科研和教学工作场所，充分运用网络资源设立互联网会计教学录播室，进一步加快会计教学资源信息化建设。

3. 加快推进优质"互联网+会计课程"资源共享

学院应根据"互联网+"时代对会计教学的新要求，结合会计信息化建设发展的实际需要，"互联网+会计课程"资源共享相关的实践调研，逐步推进"互联网+会计课程"资源的标准建设，并建立健全"互联网+会计课程"资源建设的激励、支持保障机制体系，以吸引学院内更多有能力、高水平的教师主动参与"互联网+会计课程"资源建设，鼓励大批会计教师进行优质的"互联网+会计课程"资源共享，以促进解决优质"互联网+会计课程"资源共享不足的现实问题。

第三章 会计人才培养方案研究

4. 逐步增设网络信息技术等相关互联网课程

互联网会计教学可以将会计专业课程分成不同模块，采取循序渐进的过程，例如"基础知识→仿真训练→个性化选修→技能提升"等，并维护最新会计政策法规模块，科学设计不同教学搭配路径，形成符合"互联网+"时代社会经济发展需求的互联网会计教学模式。互联网课程设置是互联网会计教学的重要基础，是培养"互联网+"会计人才的基本前提。因此，学院应从企业对互联网会计、财务的根本需求出发，开设"互联网+"、云计算、大数据财务分析等相关课程，将传统会计理论和互联网信息技术、云计算、大数据技术有机结合，并以此为基础融入企业资源计划系统（ERP）应用与实践、互联网财务管理、大数据财务分析、互联网会计模型分析等前沿科技课程，构建会计行业领先的多维度、立体化的互联网会计专业知识体系，将"互联网+"时代要求会计专业学生需要掌握的互联网信息技术等基本理论知识通过互联网教学方式进行系统教学和实践，使学生不仅接受传统会计基础知识教育，还能受到会计、财务、金融管理、网络信息技能、云计算、大数据技术等方面的基本知识，使学生具备大数据会计分析、财务分析和金融分析，并解决"互联网+"时代相关会计实务问题的基本能力，进而培养会计胜任能力较强的复合型、实用型会计专业人才。

第四节 "互联网+"时代会计人才培养过程

一、会计教学改革

学院发现会计人才培养质量普遍存在两个不足：一是传统会计学科教育因过于强调理论知识的系统性和完善性而忽视了社会对会计人才专业能力的要求；二

是应用型会计人才的定位较模糊,缺乏可操作的会计人才培养标准。

学院在广泛调研实务界、用人单位和毕业生的基础上,借鉴国际会计师联合会的能力分析框架,首次提出会计人才培养与IES能力框架全面对接,全面探索会计职业知识、会计技能和价值观三维要素在会计人才培养中的实现方式。经过近十年的改革实践,形成了基于IES能力框架的会计人才培养质量保障机制:

(1) 立足"多层次、立体化",建设会计教学资源体系;

(2) 立足"教学结合、以学为主",改革传统会计教学模式和教学方法;

(3) 建立"学院—教研室—课程组"分层管理、奖惩分明的教学管理机制;

(4) 建立"能力导向、灵活合理"的成绩考核制度,实施课外拓展学分制。

二、会计课堂教学

学院改革了以知识传授为中心的传统会计教学模式,引导学生成为会计课堂教学的主体,探索以会计人才能力框架培养为主的人才培养模式,强化对整个学习过程的激励和管理,提高学生参与的积极性。通过"案例教学、业务能力表演、任务驱动教学、MOOC教学"等多种会计教学方法切实提升了会计教学效果。

(一) 在"案例教学"过程中

要求学生提前阅读相关案例,课堂组织学生开展讨论,形成师生之间反复互动交流,以提高学生分析问题和解决问题的能力。

(二) 在"业务能力表演"过程中

要求学生根据会计、财务和审计工作实际情况,模拟相应的专业岗位进行演练,并拍摄成视频,该方法培养了学生团队合作能力、专业实践能力和人际沟通交往能力。

(三) 在"任务驱动教学"过程中

要求教师以完成具体任务为线索,把会计教学内容巧妙地设计隐含在单个的任务中，以学生分组的形式完成任务，引导学生学会自主发现问题、思考问题和解决问题的方法。目前，学院的《会计案例》《财务管理案例》和《审计案例》已广泛地运用了任务驱动教学法。

（四）在"MOOC教学"过程中

要求教师把课堂教学内容制作成"MOOC"，通过"MOOC"教学方法提高学生把握知识点的能力和教学质量，实现优质教师资源在全院范围内共享，延伸课堂教学的时间与空间，实现会计信息化教学平台的高效利用。目前，《基础会计学》和《审计学》两门课程正在推行此种教学方法。

此外，学院积极引导教师掌握互联网新技术并运用于会计教学改革中，鼓励教师学习计算机网络技术、云计算、大数据等现代信息技术，并把这些新技术运用在会计课堂教学中，改变传统的会计教学方法，同时通过校企合作，使教师掌握先进的会计实践教学方法，并把这些教学方法运用到课堂教学改革中。

三、会计实践教学

学院非常重视会计实践教学环节，旨在培养学生的会计专业实践能力。如表3-1所示，通过长期探索，学院将会计实践教学划分为如下多维度的实践教学体系：

表3-1 多维度的会计实践教学体系

实践类别	培养目标	实践平台
课内实验	专业实践能力	校内实验
综合型实验课程	专业实践能力、创新能力	
校外实习	专业实践能力、创新能力	校外实训
专业社会调研	创新能力	校外实践
毕业论文	创新能力	
第二课堂创新活动	创新能力	校内开放型实验
		校内外实践实训

在校内实验方面,学院现有 11 个实验室,场地面积达 1600 平方米,并对计算机软件及硬件进行及时更新,以满足学院会计教学实验与实践的要求。

在校外实践实训方面,学院拓展实践思路,通过多方努力,主动对接能够合作双赢的企事业单位,与相关企事业单位、会计师事务所等共建设校外实践实训基地 20 余家,同时每年接纳卓越会计师班全体学生和其他班级部分学生进行会计实践,为学生的会计实践能力和创新能力提供了有力的基础保障。

同时,为推动学生的创新能力培养,学院拓宽了校内实验平台的运行功能,大力推进开放型实验项目,打破了学生利用实验室资源的时间和空间限制,有力地保障学生的创新能力训练,为学生参加与专业相关的创新创业活动打造平台。

四、会计第二课堂

会计的第二课堂教育,在坚持党组织的领导下,学院主要以培育学生创新能力为主要目标,形成了完善的学生能力培养体系。

(一) 以学生党员为主导的第二课堂组织活动

以学生党员为主导的第二课堂组织活动注重发挥学生党员在第二课堂中的模范带头作用,以学生党支部为主体,充分发挥党员的先锋模范带头作用,开展各种形式的第二课堂活动,培养学生的组织、创新、会计专业实践等能力。

(二) 以专业竞赛为导向的第二课堂创新活动

以专业竞赛为导向的第二课堂创新活动注重以比赛的形式,培养学生的创新能力。先后组建了"挑战杯""用友 ERP 沙盘大赛""瑞华审计挑战赛"等多个学生竞赛团体,安排专门教师负责参赛项目业务指导。学生通过第二课堂活动进行各类赛前学习训练,实现以竞赛为载体的创新能力培养。近年来,学院学生在上述各类专业竞赛中先后取得优秀成绩,有效地锻炼了学生的创新能力。

(三) 以获取证书为导向的第二课堂团体活动

学院注重引导学生参加各类有价值的专业证书考试。随着我国对各类职业资质证书的规范，学院调整思路，重新布局专业证书的引导方向，在组织上构建以反映职业胜任能力的"初级会计师"和管理决策能力的"美国注册管理会计师CMA"为主的学生第二课堂学习团队，以证券从业、银行从业等其他证书为辅的学习团队。其中，初级会计师学习团队以二年级和三年级会计专业学生为骨干，CMA 团队以三年级和四年级会计专业学生为骨干，全面渗透到各年级会计专业。

(四) 以参加教师科研团队形式培养创新能力

学院注重学生参与教师科研活动，以加强学生的实践能力和创新能力培养，提高学生的科研素养。近年来，会计学院 5 项国家级课题、23 项省部级课题均吸纳了学生参与。学生通过参加教师的科研项目，先后发表了学术论文 15 篇。

综上所述，学院基于社会需求、会计专业特征与会计学科的发展趋势和学校会计人才培养定位，科学论证会计专业人才培养目标。在此基础上，以会计职业能力框架为核心，分析会计专业人才培养所需的知识、技能和价值观，并根据会计专业职业能力框架进行会计人才培养模式的创新与实践。具体如图 3-2 所示：

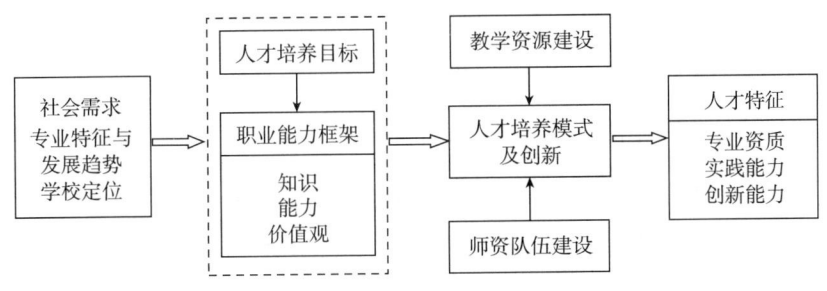

图 3-2 会计人才培养实施过程

五、会计人才培养过程存在的问题和解决措施

(一) 存在的主要问题

1. 会计教学过程中师生之间缺乏沟通

学习主动性较弱,"互联网+会计教育"要求教师为学生提供个性化、多样化的教学服务,从而在会计教学过程中充分发挥学生的主观能动性、积极性,提高学生的自主学习能力。由此可见,教师在会计教学中应多吸取学生的意见,在课堂上与学生实现互动教学,在课后与学生多沟通,多了解学生的学习效果,并据此改进教学方法,这样既有利于提高会计教学效率,又有利于增进师生关系。

2. 会计专业学生的自主学习能力较弱

当前,大部分会计专业学生习惯性接受"教师讲—学生听"和"满堂灌"的教学方法,在教学上很多的理论知识,学生自身缺乏对知识点的总结和运用,在教师讲解过程中学生能够理解相关的知识点,但课堂之外大部分学生不愿意主动巩固和练习,因此,他们对知识点的记忆时间很短,理解不透彻。由此可见,教师不应只注重理论知识的传授,更应将理论教学与实践教学相互结合。

3. 会计教学中缺乏学生胜任能力培养

"互联网+"时代要求教师在互联网会计实践教学中应重视培养学生的会计胜任能力。"互联网+"时代的会计人才胜任能力是指在互联网环境下,根据会计人才所从事的岗位工作要求,能够顺利完成岗位工作的个人能力,这种能力是可指导的、可观察的和可衡量的,是将专业知识、职业技能、工作能力、职业素养等内容融于一体的综合性表现,具体包括会计知识、会计职业能力、会计技能和会计职业素养四个维度。当前,学院开设的会计专业理论课程很全面、很综合,相应的会计实训、会计技能、会计职业素养相关课程也较丰富,但尚未开设关于会计专业胜任能力方面的专门性课程,大部分教师在会计教学过程中缺乏对

学生专业胜任能力的培养,这与"互联网+"时代对高校会计人才培养要求不相符。

(二)相应的解决措施

1. 改进教学方法,强化会计教学过程中的师生互动性

第一,提高互联网会计教学使用率。学院教师应与时俱进,教学思维要不断革新,从教师自我加快推进互联网会计教学改革与发展,提高互联网会计教学高效性,以适应学院会计教育体系改革和会计人才培养建设改革需要,为"互联网+"时代会计领域培养更多"互联网+"会计人才。

第二,进一步开展会计案例教学。尽管当前会计案例教学在学院已被应用于日常会计教学过程,但效果还有待提高。随着学院会计教育体系的不断完善,为适应"互联网+"时代学院会计教学改革发展的需要,教师应重视会计案例教学,同时提高案例教学的综合运用,并进一步结合"互联网+"时代提供的机遇,利用互联网信息技术的优势,进一步开展会计案例教学,提高会计案例教学效果,促进学生真正从案例教学中学到知识,同时通过案例的学习,可以了解社会一些会计热点问题。

2. 推行翻转课堂教学,培养学生自主学习能力

教师在整个会计教学过程中不是主导者,而是辅助者,辅助学生对会计知识点讲解不足的地方进行总结,辅助学生完成会计专业知识学习等。课堂上学生应积极主动地分析问题,讨论问题,总结问题,由"教师讲—学生听"转变为"学生讲—教师听—教师总结"的教学新模式。

第一,翻转课堂的概念和特征。翻转课堂起源于美国,是指教师预先制作会计教学 PPT、练习题并录制教学影像,学生课前可通过网络下载观看,课上通过与教师互动,最终达到掌握知识的目的。翻转课堂翻转了传统"教育—内化"教学模式,将其改造为"内化—互动"模式,即将教育过程前置,课前完成知

识传授,课堂时间以内化为主。这是一种混合式教学方式,满足了学生个性化需要,以重构主义、人本主义为指导,混合了多种学习策略和资源;重视教学结构与知识结构的重新安排,强调教学相长,以学促教,师生共同进步;通过学生自主学习,推动民主的学习氛围的形成。翻转课堂教学方法颠覆了传统教学模式,改变了教师在课堂教学中的主导地位,强调"以学生为主体"的教学理念,因为"互联网+教育"创新了应用的背景条件。

第二,基于翻转课堂形式的会计教学思路改革。

(1)整合会计教学资源。将翻转课堂教学方法应用于会计教学过程中,主要从以下三个方面重新整合会计教学内容:其一,教师要打破传统的教学章节,根据课程知识架构框架的设计,合理分类知识点,在知识点讲解和应用过程中,要将实际操作和理论教学充分融合,提高框架教学的可操作性;其二,教学视频要充分吸引学生的注意力,体现视频的生活化、趣味化,每个视频重点讲解一个知识点,提高学生的学习质量和效率,完全打破传统教学视频制作的思路;其三,在教学视频后,教师要针对知识点布置会计实训练习题,开展有针对性的训练,并在课堂教学中解答和评述。

(2)建立学习动态监督机制。教师为确保学生在课下可以进行有效的自主学习,应建立完善学习动态监督机制。运用翻转课堂教学方法进行会计教学,主要从以下三个方面建立完善学习动态监督机制:其一,教师要对学生在网络教学平台上的学习情况进行监督,实时调取学生在网络平台上的学习数据,充分了解学生的登录情况、在线提问、练习完成以及学习时间等学习信息,并根据学生的实际学习情况进行合理调整,当然这也增加了教师的工作量,教师可以在交叉班级选择教学助理员,以帮助教师给予动态监督;其二,在上课之前,教师应通过课前小测试以及提问的形式,了解学生对会计知识的理解和掌握情况,对学习态度不认真的学生要多鼓励,加强实时监督;其三,会计实务操作及案例讨论要坚持在课下学习相关的理论知识,否则限制进入参与课上教学过程。通过上述三种学习监督方式，有利于提高会计教学质量和学生学习效率，更好地提高学生的动手操作能力，以便为将来提高职业胜任能力，厚积薄发。

第三，翻转课堂在会计课下教学中的具体实现方式。

（1）会计教学资源支持。许多的学习网络都有会计相关课程的视频学习资源，但学习资源并不是面对各类会计学生，也就是说，不同层次会计学者的学习缺乏针对性，与任课教师的教学计划具有较大差异性，难以满足会计教学的实际需求。因此，在会计课下教学过程中，教师应根据会计教学需求以及学生具体需求情况，有针对性地设计会计教学资源，进而为翻转课堂提供丰富的会计教学资源保障。在制作会计教学视频过程中，教师应该将教学知识点进行重新组合，根据教学目标要求围绕知识点制作教学视频，尽量一个视频只介绍一个重点知识点，并在教学视频后，有针对性地布置相应的练习题，帮助学生巩固学到的知识点，还可以为后续温故而知新。同时，缩短视频时间，让学生集中注意力，常用软件有Power Cam、Articulate Presenter 及 Adobe Presenter 等，此类软件方便操作，安装好之后，可以在PPT界面生成菜单，在PPT界面中进行试题制作、动画添加及解说录制等操作，方便又快捷。通过这类软件制作的会计教学视频，有时效性，可以降低成本，可以提高教学质量，特别适用于制作翻转课堂会计教学资源。

（2）网络学习平台构建。网络学习平台是学生进行课下（线下）学习的主要方式，教师应该按照会计教学计划上传会计教学资源，方便学生开展自主性学习。同时，在网络学习平台上，学生还可以与同学、任课教师随时进行在线互动交流、下载教学资源以及提交作业等。教师还能够根据平台记录数据，查看学生的测试成绩、发帖次数、学习时间以及登录次数等学习情况，对学生进行有效的在线学习监督。随着"互联网+"时代网络信息技术的快速发展，网络学习平台不仅可以实现电脑设置，同时还能实现手机设置，让学生可以随时通过手机开展在线学习。与此同时，教师还可以利用互联网优势建立课程微博、QQ群、微信群，拓宽教师与学生之间的学习交流空间，提高随时学习的灵活性。

3. 推进互联网会计实践教学，培养学生胜任能力

首先，探索如何提高"互联网+会计教育"教学质量和会计人才培养质量，探索建立基于IES能力框架会计人才培养质量保障机制，并在此基础上努力获得省级"互联网+会计教育"教学改革试点单位。

其次，推进互联网会计实践教学，探索"互联网+"时代会计专业人才胜任能力培养。结合国际化和管理会计的发展趋势，与知名的高端国际财经金融培训机构积极开展美国注册管理会计师（CMA）、特许公认会计师（ACCA）等合作办学。

再次，探索在"互联网+"时代如何提高学生的自主学习能力，例如，大力推行翻转课堂教学方法在互联网会计实践教学中的应用。

最后，结合会计专业学生素质拓展中心，充分利用"互联网+"时代的信息优势，大力推行"岗、证、赛、课"四位一体的会计教学模式。

第五节 "互联网+"时代会计教学质量保障

一、会计教学质量保障体系建设

在会计教学质量保障体系建设中，实行"学院—教研室—课程组"三级管理，形成了会计教学管理人员、教师和学生三方共同参与的监控评价管理模式。

（一）会计教学质量标准建设

学院在会计教学管理中严格执行学校的各项规章制度，在学校制定的各主要教学环节质量标准的基础上，结合学院特点，补充了会计教学管理质量标准，进

一步健全完善了会计教学管理制度,并先后出台了《会计学院教学工作规范》《会计学院教师教学工作业绩考核实施细则》《会计学院关于教师备课的有关规定》《会计学院考试命题、监考、阅卷、试卷分析暂行规定》《会计学院教研室教研活动制度》以及《会计学院课程组建设管理办法》等相关制度。

(二)会计教学质量监控与评价机制

1. 会计教学质量监控的内容

如表3-2所示,贯彻落实学校教学质量保障监控体系,推行"学院—教研室—课程组"三级教学管理机制,实行"学院负责学科建设、教研室负责专业建设、课程组负责课程建设",明确各层级会计教学质量监控职能。在履行学科、专业、课程三级管理基础上,学院负责制定教学质量监控与评价制度,开展评教、评管、评学;教研室负责组织集体备课、示范教学、听课评课、考试命题、阅卷和试卷分析等;课程组负责组织编写教学大纲、授课计划等,建设课程和试题库等。

表3-2 会计教学质量监控与评价的内容

		监控内容	检查方式	监控评价人员
教学保证	教研室	教研活动、教师教学常规工作、教师培训	工作考核	学院、职能部门
	课程组	课程教学、教学资源建设	工作考核	学院、教学委员会、职能部门、教研室
	教师	教研工作	工作考核	学院、教学委员会、职能部门、教研室、课程组
教学运行	课前	大纲、授课计划	检查表	教学委员会、职能部门、教研室、课程组
		讲义、教案		
	授课	作业	检查表	教学委员会、职能部门、教研室、课程组、学院督导、学生信息员
		课堂教学质量	听课、评价表	
		教学质量反馈	评价表	
	期末	试卷及分析	检查表、抽查	教学委员会、职能部门、教研室
		教学工作总结	检查表	

续表

	监控内容		检查方式	监控评价人员
学风建设	课堂学习	学生出勤	检查表	职能部门
	第二课堂	学生参与程度	调查表	职能部门

2. 会计教学质量评价及反馈机制

会计教学质量评价突出会计专业特色，注重对学生的思维启发和综合能力与素质培养，规范课程教学与考核。学院根据《九江学院教师教学工作考核办法》，对教师教学工作实行三级等级考核制。同时，学院还制定了《会计学院教学奖励与调节基金分配及管理办法》《会计学院教师指导学生参加国家、省级专业竞赛奖励办法》《会计学院教研突出贡献奖评选办法》，对在会计理论教学、会计实践教学、教学竞赛和指导学生参赛等方面取得优异成绩的教师进行奖励。

学院会计教学质量评价及反馈机制如图3-3所示。

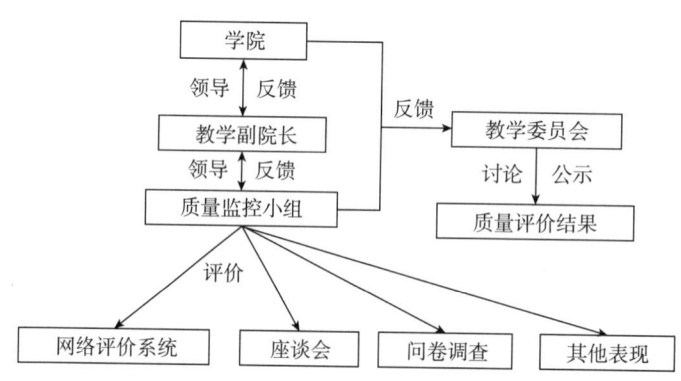

图3-3 会计教学质量评价与反馈机制

3. 会计教学质量监控体系

学院立足会计教学质量标准，强化教研室和课程组对教师的管理和引导。会计教学质量监控的实施过程及会计教学质量监控体系示意图具体如图3-4所示。

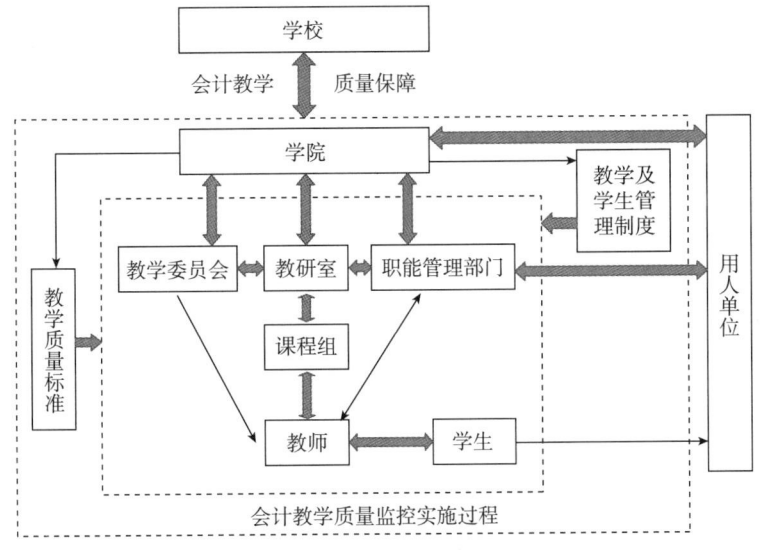

图 3-4 会计教学质量监控体系

(三) 会计教学质量保障运行机制

学院在构建会计教学质量保障体系时，首先优化和完善制度环境，进而有针对性地进行会计教学队伍建设，再具体组织、实施会计教学活动。在会计教学管理活动中，学院依据国家标准，梳理学院会计教学质量现状，制定适宜学院发展的会计教学质量标准和督导员、学生信息员制度，并定期或不定期开展会计教学检查、实习与用人单位满意度调查等，以形成会计教学质量的长效监督与质量反馈机制，实现"计划—执行—检查—调整"PDCA循环。具体实施信息如图 3-5 所示。

二、会计教学质量保障体系实施

(一) 强化会计教学准备监控

学院以人才培养方案为基础，从教学保证和教学运行两方面加强对会计课堂教学的监控。通过建立优秀教材选用制度、备课检查制度,规范教学准备工作,并进而提高教学质量,优选国优、部优、省优等教材,并结合会计专业发展,推进自主特色会计教材建设。此外,学院还根据会计教学质量标准,在教案编写、备课、课堂教学等方面,对教师提出了规范要求,出台不定期组织抽查制度。

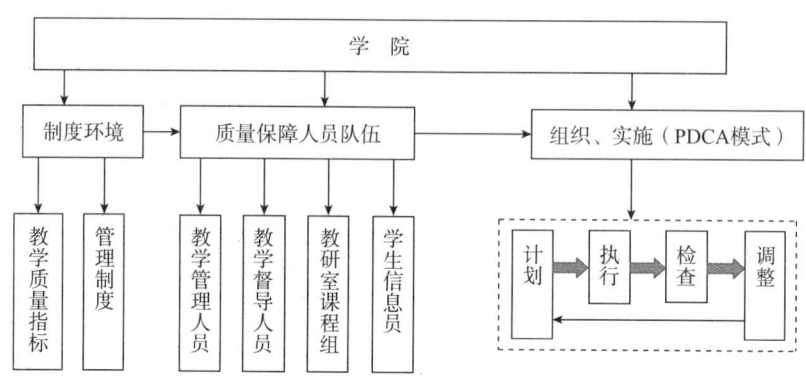

图3-5 会计教学质量保障体系

(二) 强化会计教学过程质量监控

1. 学期初制订学院领导和督导听课计划

明确每位领导和督导听课对象,基本上做到学院专任教师被听课全覆盖,并将听课情况作为领导评价和同行评价的重要依据。学院根据领导和督导听课中发现的主要问题,及时与相关教师谈话,安排指导老师进行指导。

2. 强化对学生学习和发展的监控,加强学风建设,在教学中对学生实施严格管理

要求老师关心爱护学生,把培养人当作首要任务。严格执行学生管理规章制度,规范学生行为和统筹协调学生各种活动,促使学生把主要精力投入学习活动,并通过制定考试管理制度,严肃考试纪律,在保证试题质量的同时严格评分

标准，规范成绩管理。对违反学校考试纪律的学生，按照学校规定严肃处理。

三、会计教学质量信息收集利用

学院倡导"以评促教"理念，开展以"检查—评价—改进"为主线的会计教学监控。为提高会计教学质量信息利用效率，学院在收集教学质量信息的同时，开展了对会计教学质量信息的处理与分析，以提高教学质量信息运用的广度和深度。

（一）做好课堂教学质量监控信息统计分析

通过学校层面获得学校督导评价、学生评教、教学活动奖励等相关信息，并通过教研室和课程组开展会计教学检查、听课、教学研讨、学生评价等相关活动，进一步搜集整理相关信息。同时，学院建立期初、期中和期末的学生评教活动和学生学习状况调查制度，收集并分析相关的会计教学质量信息。

（二）建立课堂教学质量监控信息反馈机制

及时传达会计教学质量信息，并有针对性地布置各项会计教学活动，推进整改落实工作。此外，依托教研室、课程组进行会计教学质量信息反馈和分析，畅通会计教学质量评价信息反馈渠道，建立健全会计教学质量监控信息反馈机制。

（三）做好课堂教学质量监控信息反馈总结

畅通评价反馈渠道，对学生评教结果、学生教学信息员反馈信息、师生座谈会反馈内容、多方评价反馈情况进行分析和汇总，并找出影响会计教学质量的关键问题，为后期会计教学工作安排提供决策依据，进一步提高会计教学质量。

四、会计教学质量的进一步改进

学院坚持以"检查—评价—改进"为主线的会计教学监控。每学期学院通过定期和不定期的教学检查来评价"教学规范和过程"的材料；通过学生评教、教师评教和督导评教等方式收集和分析教学质量信息，评价课程建设和课堂教学；通过教务科和教研室发现问题和及时反馈，指导和督促教师改进。同时，根据教学和管理需要，加大对专任教师和教学管理人员的培养。学院根据学校出台的《九江学院培养培育者计划》，有计划、有目的地开展教师业务能力培训工作，采取外出参会、短期培训、国内访学和国外访学等培养方式，同时邀请校外实务人士、专家、学者到校举办教研讲座和培训，进一步提升教师的理论教学和实践教学质量。

五、会计教学质量保障存在的问题和解决措施

（一）存在的主要问题

1. 会计教学质量评价信息利用机制有待优化

学院在对教学质量评价信息的利用效率仍需提高。一方面，会计教学质量评价信息的收集与反馈涉及不同职能部门，部门间的联动与数据实时共享能力尚未完全支持，导致会计教学质量评价信息的利用率有待提高；另一方面，会计教学质量评价关注问题与改正，利用现代技术对会计教学质量评价信息与结果进行综合分析、处理的能力不强。这是导致学院不能快速发现问题的深层次原因，不利于有效整合资源和高效解决问题，导致教师既无法清晰获知自身存在的问题又使教学质量评价的权威性和导向性不够，其直接后果是主动改进能力有待提升。

2. 学生评教的信息含量有待进一步提高

目前，学生评教是由学院和学校教务处通过问卷调查完成。问卷采取封闭式问题，具有调查的时间、方式较为固定等特点，在某种程度上影响了学生参与评教的热情，导致学生在参加问卷调查时的评教信息含量不够，最终影响学生评教质量。

（二）相应的解决措施

1. 运用现代信息技术优化教学质量评价信息利用机制

提高全体教师对会计教学质量评价信息的认识，运用现代信息技术进行会计教学质量评价信息标准化采集，畅通信息的提取和统计分析，强化数据信息的融合和分析，真正做到"评价信息能共享，评价结果分析有深度"。

2. 丰富学生评教方式方法，提升学生评教的信息含量

为提升学生评教的信息含量，学院应在定期组织学生评教的基础上，采用多形式、多方法开展学生评教活动。一是多开展座谈会、微信、QQ 等形式的在线评教活动，激发学生对评教工作的热情，鼓励学生多说、多评教、多提意见；二是在设计评教调查问卷时，适当地加入一些开放性的题目，鼓励学生在评教时多写敢写。

第六节　结　语

在"互联网＋"高速发展的时代，高校应该顺应市场经济和企事业单位及部门对会计人才的需求，与时俱进地开展会计人才培养改革建设与探讨，为满足社会经济发展和企事业单位发展需求培养高素养的实用型、复合型的会计人才。九江学院会计学院在顺应"互联网＋"时代发展潮流的过程中，通过由理论向理论实践相统一的转变逐步推进会计人才培养改革工作，通过采取一系列措施提高会计人才培养质量。例如，完善会计教学管理制度，提高教学管理水平，推动教科研的互相转换和资源充分利用；建立健全会计人才教学管理组织，确立"学院—教研室—课程组"的三级教学管理制度，分层管理、职责明确；重视教师教

学胜任能力建设,以会计人才能力框架为基础的会计人才培养模式,要求专职教师拥有相应的会计岗位胜任能力,采取"教学研讨、短期培训、企业挂职、短期访学、攻读学位"五位一体方式,打造具有专业胜任能力的师资队伍;大力鼓励教师进行会计教学改革探索,加大教学改革激励与教学成果奖励,出台一系列鼓励教师开展教学改革的措施,包括教学内容改革、教学方法改进、教学手段更新和管理方式创新等;重视学生创新能力的培养,通过学生素质拓展中心开展第二课堂创新活动,系统地组织学生团队及个人参加各类与专业相关的竞赛,以赛代练,以赛出新,由点及面;通过课程内外实验、综合课程实训和校外实训实习等多种会计实践教学方式,培养学生的专业实践操作能力。上述措施取得了良好成效,但"互联网+"时代,学院在会计教师队伍建设、会计教学资源建设、会计人才培养过程以及会计教学质量保障建设方面均存在很多问题,有待进一步改革。

总而言之,在"互联网+"时代,要想以市场需求和企业需求为导向,培养"互联网+"时代需要的会计人才,学院就应当明确会计人才培养的定位、目标和方案,推动会计人才培养改革,打造一支"互联网+"会计教师队伍、促进与"互联网+"时代发展需求相适应的会计教学资源建设、加大"互联网+"时代会计人才培养过程投资力度、强化"互联网+"时代会计教学质量保障体制机制建设。

第四章 会计知识转化为会计职业能力问题及对策探讨

摘 要： 随着我国经济的迅速发展，企事业单位对于会计人员的素质需求也不断地提高，财务会计人员的工作重心由会计核算领域转为内部控制、财务分析和风险管理等管理领域。外部环境变化对会计人才知识和职业能力素质提出了更高要求。在我国高校会计教育作为培养会计人才的主力军，应以会计职业能力需求为基础对人才培养模式进行改进，这是新时代经济发展阶段培养合格会计人才的关键。

本部分首先介绍选题背景、研究意义，并对会计职业能力进行阐述；其次介绍会计教育的现状及问题；再次以会计专业学生为问卷调查对象，了解其对教学模式的期望认知；最后根据调查结果提出建议，即重构课程体系，改进教学方法，创新考核方式。因此，在当前的新时代，更好地发展高校会计教育能够培养出更多适应新形势的高素质会计人才，为我国会计行业贡献更多的力量。

会计教育历经几十年的改革与发展，在中国取得了显著的成就，并为社会各行各业已输送大批量会计人才。随着互联网的发展，会计教育也出现一些新的问题。如今会计行业对会计专业毕业学生有更高的期许，除了强调其参加工作时能掌握基础的会计核算能力，还要求能力强、素质高的毕业生能够参与到管理任务当中。从会计专业毕业生难找工作与企业难以招录到适合本企业的会计人才的矛盾性可以看出，目前中国的会计教育并没有满足企业对会计人才的需求。可见，会计教育人才培养模式与社会实际需要的会计人才相脱节。

伴随着中国蓬勃向上的经济发展，综合型高素质会计人才在快速发展的社会中的需求量也不断地增加，不仅要求综合性高素质会计人才拥有专业会计知识、核算能力以及经济管理知识，还要求拥有协作团队能力、不断学习能力、文字语言表达能力等综合能力。随着互联网的高速发展，目前，高等院校的会计教育所讲授的专业知识与培养能力之间存有一定的滞后性。因此，本部分运用数理调研的方法，探讨会计专业人才对会计教育人才培养模式的认知，有助于了解当前会计教育人才培养模式存在的问题并得以解决。本部分的主要意义在于提出建设性的会计课程体系、教学方法和考核方式建议，以弥补当前高等院校会计人才培养的不足，为我国发展高质量会计专业教育培养贡献微薄力量。

第一节 会计职业能力的理论概述

会计职业能力是会计人员在进行会计业务操作，实现会计功能的能力和专业技术。会计专业不仅是注重理论基础知识的专业，也是要求重视实践性的学科专业。因此，会计职业能力具有非常宽泛的内涵，其中包含扎实的会计专业知识掌握能力、会计职业判断能力、会计实践操作能力、广博的知识结构、良好的交流沟通能力以及自主学习的适应能力等，尤其是职业判断能力，这种能力是在掌握了扎实而综合的知识的基础上，在会计业务实践中不断形成的自我能力，这也体现出了会计专业越老越吃香的特点。

一、会计专业知识

会计专业知识是指会计人员专门学习的基本理论知识，通过基本理论学习而作为掌握会计专业技能的阶梯，会计专业知识主要包括三个基本方面：

首先，会计专业本身的学科的理论知识，要求学生掌握会计日常核算、财务管理、审计的基本方法及理论，具备良好的税收、企业管理、金融等方面的知识。

其次，计算机互联网知识，计算机是会计工作的基本工具，互联网是信息沟通的桥梁。在"互联网+"时代背景下，计算机和互联网已成为进行会计工作业务活动的主要工具知识，掌握计算机和互联网相关知识是做好会计工作的基础。

最后，法律知识，会计是一门很讲诚信和遵守法律法规的职业，进行会计活动的全过程都要按照国家相关法律法规进行操作，因此会计从业人员最起码需要具备会计法、税法、经济法等相关法律业务知识。

二、会计操作能力

会计操作能力是会计人员从事会计事项的会计工作的基本业务能力，在当前信息化新时代，会计操作能力主要体现为会计电算化能力。不同职位所要求的会计操作能力除了建立在会计电算化共同基础上，还应该有所不同。例如，进行成本核算与成本数据分析的职位需要具备较高的成本管理能力，具备运用会计软件进行成本核算、成本预决策及控制能力。进行日常会计核算的职位需要具有扎实的会计核算能力，熟练运用会计软件进行会计日常核算的能力。

三、职业判断能力

会计职业判断能力是指会计人员依照国内会计相关法律法规和规章，在面对不确定的业务背景条件下,考虑公司本身的实际财务状况及发展前景情况,使用其掌握的专业会计知识和实践经验,对会计主体发生的经济行为采取正确的处置原则、方法进行合理和合法的分析、判断、选择和决策的能力。例如,在面临固定资产的折旧年限与净产值或有损失、无形资产摊销年限处理等问题时,需要运用职业判断能力进行合理的处置。

四、广博的知识结构

随着市场经济的快速发展,会计人员所要从事的工作愈发复杂。单一的会计知识不能有效解决诸多的会计问题,一个合格的会计从业人员应该具有广博的知识结构应对复杂的会计工作问题。广博的知识结构包含对历史知识的掌握和理解,对不同文化间的异同的理解和包容,对社会运行规律的理解,对基本自然科学知识的掌握和理解,对不同形式艺术的欣赏能力,对自身人格、思想的理解和尊重。广博的知识结构有助于理解现实世界,在工作中理解他人,更好地与他人和谐相处,更好地在工作中与他人沟通协调,最终达到解决工作问题的目的。

五、交流与沟通能力

会计是一门需要信息交流的工作。在会计日常工作中,为真实反映企业的财务状况,这就要求会计人员必须拥有良好的交流与沟通能力处理好与领导、部门、上级主管等内部人际关系,提高跨部门之间的办事效率,取得领导和各部门的信任和理解,避免出现部门之间的不断扯皮,影响会计信息的真实性和时效性。同时,会计人员拥有良好的交流与沟通能力能够处理好与外部关联方的关系,协调企业与外部关联方的财务关系,避免企业财务出现紧张状况。

六、自主学习的能力

新时代背景下,随着经济的迅速发展,会计工作环境也不断变化,会计行业每年都出台新的规定,会计人员必须不断更新知识,提高服务质量和效率,以适应经济发展和会计岗位需求。近年来,随着计算机互联网功能的不断强大、人工智能的飞速发展,简单的重复性的会计基础核算业务越来越不需要占用会计人员过多时间进行处理,会计人员转向财务管理和公司财务决策,这需要知识的不断更新,以及自主学习能力的不断提高。新业务问题的不断出现,需要会计知识与专业方法的不断更新。因此,会计人员要有自主学习的观念和能力,经济环境在变化,会计准则也在变化,所以从事会计工作不学习就如逆水行舟,不进则退。

第二节 会计知识转化为会计职业能力在现实中的体现及问题

在我国,高校会计专业教育是最主要的会计教育途径。目前,高校会计专业教育在会计知识转化为会计职业能力方面存在的典型问题主要体现在以下三个方面。

一、在课程体系方面

课程体系是一个专业所开设的课程和课程开设次序,课程体系会直接影响人才的知识结构体系。这里所要阐述的会计专业课程体系,综合教育课不在论述范围内。会计专业课程体系分为学科基础课、学科专业课和学科实践课。学科基础课包含高等数学、管理学、西方经济学课程,其中与数学相关的课程(诸如概率论数理统计)在学科基础课中所占比重过大且学分偏高,因此,数学相关课程在课程体系中的比例应当适中,偏低会影响会计人才的数理分析能力,偏高会挤占其他课程的比例。如果适当降低数学相关课程的比例,这样就可以集中精力学习管理学、西方经济学,为会计后续综合知识学习打下更加坚实的基础。学科专业课按照会计资格执行力所考核的知识需求进行课程设置,包括高级财务会计、中级财务会计、基础会计、成本管理会计、财务管理、经济法、税法、审计学、公司战略与风险管理再加上其他诸如统计学基础、会计信息系统、会计实训等会计专业课程。在现实中,会计学科专业课程教材之间内容重复较多,导致重复的内容不同课程的老师都不讲或者都重复讲的不良状况。因此,应该精简一些理论课程,腾出学时用以提高会计实践课比例;学科实践课程包括会计学专业综合能力实训、假期调研与见习、毕业实习、毕业论文等课程,实践课程是锻炼学生职业能力的重点课程,对于学生的综合问题的分析能力、会计操作能力、交流与沟通能力、职业判断能力的提高都有着非常重要的作用,不断促进学生的知识与职业能力的进步与提高,不断地提高其综合业务分析能力。但值得注意的是,目前一些地方高等院校的会计实践课程开设偏少,应该适当增加能锻炼学生综合能力的实践课程,要与学科专业课的比例相协调。

综上所述,在课程体系方面存在着数学相关课程所占比重大、专业课程教材选取不当导致课程之间内容重复偏多的问题,这都会阻碍会计专业知识的吸收,进而不同程度地影响会计知识转化为会计职业能力的效果。实践课程开设少会导致会计学生无法有效地将理论知识运用到实践中去,难以达到学以致用的目的,最终导致会计学生缺乏操作能力、职业判断能力等会计职业能力。

二、在教学方法方面

会计是一门需要深厚理论知识的学科,在实际教学过程中需要着重进行会计理论讲解,会计理论知识是会计实践能力提高的阶梯,所以在理论教学中不仅让学生知其然,而且要知其所以然。目前,会计理论教学还倾向于过去传统的教学方式,在教学实际中教师讲课积极性高而学生精神不够集中缺乏积极性,更谈不上兴趣学习,造成学生对所学知识无法有效地理解和吸收。课堂讲授在一些需要实践教学方法的课程上被使用,譬如公司战略与风险管理课程,该课程应该结合实践教学或案例教学而不是纯课堂讲授,造成学生锻炼实践能力效果不佳。

三、在考核方式方面

许多高等学校的会计考核方式基本采用"考勤+作业+考试"方式对学生进行考核。"考勤"为日常学生的到课率、课堂效果(有无玩手机、睡觉、交头接耳等课堂现象);"作业"为老师日常章节进度布置的巩固性课程作业;"考试"为学期内进行的本学期期中、期末考试,主要是采用纸质考试,考查学生本学期知识的掌握程度。这种考核方式是基本的教学考核方式,方便学院了解学生的课程学习情况。通过这种考核方式,学生也能大概了解自身知识的吸收情况。但这种考核方式存在着弊端,主要是无法有效考核学生理论知识联系实际的能力和知识转化为职业能力的情况,学生日常作业作弊可能性很高,考试在考前突击复习即可应付,助长学生平常学不学无所谓的心态,临近考试搞冲刺就能拿个差不多的成绩,成绩很难代表知识能力的转化。同时,这种考核方式中的期中、期末考试所要达到的效果由于监考老师的严厉程度不同而不同,监考老师因为监考不认真会导致学生抄袭现象严重,引起学生对考试不认真对待,不重视考试的态度,进而转化为日常不认真学习知识的现象。期末考试巡考制度作为学校监督考试的制度,能够有效地监督监考老师监考的认真程度及发现学生的作弊行为。但是在现实中,期末考试巡考制度往往流于形式,走个过场,巡考领导到考场站,象征性地查查学生证件。学校(院)领导在经过每个考场时走上一圈就结束,而不是认真查看学生的考试状态,对于有些学生的作弊行为痕迹不仔细检查,不认真检查考场课桌上的字体痕迹,也不翻阅考生的试卷底下有无小抄,造成巡考制度效果大打折扣,对学生作弊的威慑力大幅降低;如果巡考抽查方式去翻阅考生的试卷看有无小抄等,那么对学生舞弊的威慑力就会大大地提高。由于监考老师监考不认真、期末巡考效果不佳,学生就会想方设法地采取各种可能的作弊行为,如打小抄、传纸条、打手语甚至直接带手机在网上查找答案。虽然"考勤+作业+考试"是目前最主要的考核方式,但我们需要对其进行改进,以便考查学生的学习情况和知识转化能力的情况,使学生更好地学习知识,最终转化为职业能力。考核方式还可以采用提交课题报告、小论文等形式,这些考核方式较为有效地反映学生知识转化为能力的情况,能培养学生独立思考、自主学习的能力,但同时也存在着学生不受监督地抄袭他人文章的行为。

综合来看,在目前"考勤+作业+考试"的考核方式方面存在着难以反映出学生对知识的掌握情况的缺点,尤其是地方高等院校,反映在学生上是为了完成考试而死记硬背理论知识,很难体现学生对于知识的理解情况。同时,存在着监考漏洞、巡考形式化的问题,导致学生对考试不重视,进而导致学习兴趣不高,最终会计知识转化为会计职业能力也就无从谈起。

第三节 会计专业人才教育现状调查综合分析

一、调查问卷的设计与描述

(1) 为了真正了解当今高等院校会计专业教学中的教学内容转化成会计职业能力的情况,本部分采用统计问卷调查的方式进行数据收集、整理和分析。同时为了更好地了解受访者对相关问题的态度及程度,采用李克特量表七分法计量,分别代表非常不重要到非常重要:1分表示非常不重要;2分表示不重要;3分表示比较不重要;4分表示一般重要;5分表示比较重要;6分表示重要;7分表示非常重要。

本次统计调查问卷分为两大部分:第一部分是学生自身的个人信息,要求受访者填写清晰、真实的个人信息,包括姓名、性别、学院、班级;第二部分是高等院校会计教育状况调查,要求受访者从课程体系、教学方法、考核方式等方面进行满意程度评价,以便根据统计调查结果针对会计知识如何有效地转化为会计职业能力提出自己的宝贵建议。

(2)本次统计问卷调查采取线上方式发放给会计专业大三及大四学生,期望了解会计专业学生对高校会计教育状况和会计职业能力的真实看法。本次调查问卷发放时间是2018年5月1日,问卷回收截止日期为2018年5月31日。本次统计问卷调查在发放期间一共收到679份,其中有效问卷603份,问卷的有效率为88.8%。本次统计问卷调查使用算术平均数(下文简称"平均值")来期望了解会计专业教育现状,本次统计问卷调查中的各要素的平均值为所有受访者重视程度分值之和除以总的人数。

二、统计调查问卷的整理与分析

(一)高等院校会计教育状况问卷调查分析

课程体系是根据会计人才培养目标,对开设哪些课程以及课程间的关联与次序进行统一规划,界定了会计学专业学生在大学期间应该学习的知识和掌握的能力。其设置是否合理直接关系到会计专业毕业生的质量,以下为课程体系的统计分析。管理学原理、西方经济学、高等数学、线性代数和概率论与数理统计的平均值分别为5.89、5.64、3.42、3.65、3.81。从上面的会计专业学科基础课统计结果可以看出,学生认为管理学原理和西方经济学比较重要,说明学生对于管理学原理和西方经济学在会计教学中的基础地位比较认可,也反映了管理学原理和西方经济学能够给学生一个概念上和历史脉络的会计印象,能够对会计学生后续会计知识的吸收有很大的启发作用。会计学生认为高等数学、线性代数、概率论与数理统计比较不重要,说明这三门课程对于会计基础比较不重要。

对会计专业学科专业课统计问卷调查的结果:会计专业导读课、经济法、中级财务会计、财务管理、统计学原理、税法、成本管理会计、内部控制、高级财务会计、会计信息系统、会计实训、审计学、公司战略与风险管理、会计英语和会计案例分析的平均值分别为 4.73、6.79、6.85、5.06、6.77、5.73、6.18、4.82、6.09、4.42、6.25、3.39、6.16、4.72 和 6.26。从上面的会计专业学科专业课统计结果可以看出，基础会计学的平均值为 6.79，被认为是最重要的课程，这也表明了基础会计学在会计教育中的基础性地位和良好的理论基础是根本，如果基础会计学没有学扎实，后面的中级财务和高级财务会计学起来会事倍功半；经济法（6.79）、财务管理（6.77）、税法（6.18）、内部控制（6.09）、会计信息系统（6.25）、审计学（5.39）、公司战略与风险管理（6.16）和会计案例分析（6.26）被认为是重要课程，这说明学生对于会计专业课程有着较为清晰的把握，能够充实和提高学生的会计专业知识。中级财务会计（5.06）、统计学原理（5.73）、成本管理会计（5.42）被认为是比较重要，这也反映了这些课程对于会计专业课是比较重要的，对于夯实会计专业知识有着重要的作用。会计专业导读（4.73）、高级财务会计（4.42）和会计英语（4.72）被认为是一般重要。其中，会计专业导读作为入学会计专业第一门课，能够给刚入学的新生一般重要的影响，能够使其对会计有一个大致的了解。而高级财务会计和会计英语被认为是一般重要，经个人抽样再次问询后，了解到受访者认为高级财务会计知识高深、未来工作的短时期内很少涉及高层次会计领域知识。受访者认为会计英语内容与中文会计教材重复，而且还要求学生英语水平，无法保持统一的学习进度，未来如果在国企工作，会计英语用途甚微，且对于提高会计职业能力帮助微乎其微。

对会计专业学科实践课重要性问卷调查的结果：会计学专业综合能力实训、假期调研与见习、毕业实习和毕业论文的平均值分别为 5.46、5.28、5.33、5.22。由此可以看出，学生认为会计学专业综合能力实训、假期调研与见习、毕业实习、毕业论文都是比较重要的，这也表明这些专业学科实践课对于学生的会计操作能力、职业判断能力、交流与沟通能力和自主学习能力都有着比较重要的

第四章 会计知识转化为会计职业能力问题及对策探讨

影响。但是同时，经过再次抽样问询了解到受访者对于这些实践课程最后能掌握的知识及能力效果不甚满意。

综合以上的分析，学生对于会计理论知识的重视程度大于实践课程，说明学生还是处于重理论轻实践的学习状态，这不利于培养会计学生会计职业能力，所以在实际教学过程中，教师应该首选改变学生的认知观念。

（二）教学方法调查分析

教学方法对高质量会计专业学生的培养有着重要的影响，使用的教学方法及教学方法安排的课时不同程度地影响着会计人才会计职业能力及胜任能力培养目标的实现效果。

对教学方法的统计问卷调查结果：课堂讲授、案例教学、实践教学、校外实践和讲座的平均值分别为 6.53、5.55、5.28、4.87 和 3.86。从统计结果可以看出，课堂讲授、案例教学和实践教学的重要性排在前三，均值大于 5 分，这说明课堂讲授在教学中的特殊性和基础性，是学生掌握知识的基本途径，但是经过后续抽样问询后发现学生在课堂讲授教学方法下的知识吸收效率不高，因此提高课堂讲授的效率成为提高会计专业学生专业知识的关键；这说明实践教学在会计教育中对人才能力培养发挥重要作用，会计不是一门纯理论的学科，实践能力同样重要，因此要不断加强实践教学的水平。案例教学是培养学生信息收集能力、分析能力、写作能力、表达能力及综合问题分析能力的主要方法，学生认为其比较重要，在现实教学中教学效果也确实如此。高校一般缺乏与会计专业相关的知识讲座，学生在讲座中得不到前沿性的知识，因为少而缺乏认知，故觉得其重要性一般。

（三）考核方式调查分析

考核的目的是检验学生将所学理论知识与实践相结合的能力，恰当的考核方式能充分激励并调动学生学习的积极性和趣味性。

对考核方式重要性统计问卷调查的结果："考勤+作业+考试"、报告、监考及巡考和小论文形式的平均值分别为 6.16、5.33、6.21 和 5.67。从考核方式重要性统计结果可以看到,"考勤+作业+考试"被认为是重要的考核方式,这说明"考勤+作业+考试"的方式在考核人才方面仍占主要地位,考核仍以记忆为主。监考及巡考虽然不是一种考核方式,但学生认为监、巡考对考核方式的影响是比较重要的,经过后续的抽样问询,其原因是学习好与学习差的学生对于监、巡考的重要程度被中和;学习好的学生偏向认为监、巡考是重要的,希望学校严格加强监、巡考,而学习差的学生则认为监、巡考偏向不重要,希望学校放松对考试监、巡考,为他们能完成考试而创造宽松的条件。

学生认为报告的形式则位于第一位,表明学生认为提交报告的形式更能对其能力进行考核,并能减轻期末的课业负担;小论文被认为比较重要,正逐渐成为考试外的另一种重要考核方式。

三、调查问卷的结果总结

通过对以上统计问卷调查内容的结果分析,围绕会计知识转化为会计职业能力,可以发现一些问题。

(一) 课程设置不合理

当前高等学校会计专业课程体系存在一系列问题。

(1) 会计专业学科基础课设置不合理。如线性代数、概率论与数理统计、高等数学等课程,与会计专业知识联系较少,所占比例却比较大,占用了本该用于学习会计专业知识课程的时间。这反而不利于学生学习吸收和巩固会计专业基础知识,进而导致后期学习高层次会计知识乏力,影响会计知识的吸收和巩固。

(2) 会计专业学科专业课设置不合理。专业课作为会计专业的核心课程是学生学习会计知识的主要组成部分,只有在专业知识扎实丰富的情况下,才能更有效地转化为会计职业能力,因此专业课中应该突出专业的内涵,对于统计学这

第四章 会计知识转化为会计职业能力问题及对策探讨

门课程更应该把它列入选修课,而不是专业课。同时,专业课程之间内容多有重复,间接影响实践课程的开设。

(3) 实践课开设门数少、模式单一。学校实践课门数开设少,充分暴露出学校会计教育重理论轻实践的现状。其中假期调研与见习开设得毫无意义,只要求交上一份假期调研报告即可,而不管其真伪与否,也不考虑这门实践课在操作上是否可行。现实情况是大多社会企业不会给予调研与见习的机会,就算给予见习机会也是打杂似的简单财务工作,从而没有有效地将在校所学知识转化为职业能力。实践课程是培养学生操作能力、交流沟通能力、解决问题能力的主要手段,而现实情况却不利于会计知识转化为职业能力。

(二) 教学方法使用效果不理想

当前的会计理论教学中以教授为主对学生进行知识和能力的培养,学生只能死记硬背来记住相应的知识点,缺乏对知识点的深度理解。从调查分析可以看到,学生对于课堂讲授的认同程度为重要,说明课堂讲授这种教学方式在会计专业教学中还是占有基础性地位的,学生还是习惯于课堂讲授这种教学方式。但是这样的教学方法无法调动学生的积极性和学习热情,学生一直处于被动接受知识的状态,如何提高课堂讲授的质量与效率成为会计理论教学中的关键。案例教学等创新性教学方法能够训练学生的沟通能力、分析能力等,解决学生理论联系实际难、学习积极性不高的问题。但案例教学等教学方法并未受到学生的重视,在教学中的实施效果并不理想。

(三) 考核方式中存在的问题

(1) 报告在考核方式中被学生认为是最重要的方式,报告方式对学生的限制较小,能够给予学生充分自由的发挥空间,使其得以运用所学知识提高分析、判断能力。但是报告这种考核方式如果要求不严的话很容易出现抄袭现象,所以在实际情况中报告这种方式被运用得较少。实际上目前会计专业考核方式较为单一,"考勤+作业+考试"仍然是对会计专业学生学习效果进行检验的主要考核方式，且多为客观题，很少体现对学生理论联系实际能力、分析能力等综合素质的考核。学生对于小论文的重要程度认同为比较重要，低于"考勤+作业+考试+报告"。小论文虽然也能给予学生自由发挥知识和能力的空间，但是论文形式从内容到格式对学生的限制较多，导致学生对其重要程度认同不高。

（2）考核时对学生要求偏低。考试类的课程考核大多由于要求较低，学生一般只要在考前突击复习即可通过考试；监考老师监考不严；巡考制度执行不严；提交的结课报告有许多为网上抄袭。结果导致学习氛围较差，知识学习效果不尽人意。实践课程一般只对规范性进行简单的检查，忽视实践过程中出现的疑问和问题，最终影响知识转化为职业能力，出现相关职业能力缺乏的问题。同时，考核方式的缺陷导致学生平时课堂表现不积极、学习热情不高，最终出现会计专业学生基础知识不扎实、能力锻炼不足等问题。

第四节 提高会计知识转化为会计职业能力建议

一、构建科学合理的课程体系

加强并巩固会计基础和专业知识课程，将其合并为理论专业课，精简不同课程的重复内容，剔除非会计内容课程。将实践课程改为实践专业课，增加实践课程开设数量并强化开设质量，丰富实践课程开设种类，注重实践教学过程监督，引入现代信息化技术进入实践课程，构建会计专业理论与实践并行的课程体系。

二、创新教学方法

（一）强化信息技术在理论教学的运用

高等院校会计理论教育要充分利用互联网、云计算、大数据、财务共享服务平台等现代信息技术，如讲解财务分析理论时，可以选择某上市公司最新财务报告，使用 Excel 建立财务模型、运用财务报告分析工具对其进行财务报告分析。构建课堂讲授理论知识与现代信息技术融合的新型课堂讲授方法，使学生在课堂讲授方式下高效吸收专业理论知识。

（二）加强创新性教学方法的使用

加强案例教学、小组讨论、指导性教学、角色模拟等教学方法的创新性，例如采用角色模拟教学方法，让学生在类似真实职业环境中锻炼其数据收集能力、分析能力、表达能力、合作能力，充分发挥学生的主观能动性。

（三）多种教学方法相结合使用

一种教学方法的使用可能不满足教学目标的需要，因此结合课程性质综合采用案例分析、问题分析与讨论、小组活动等多种教学方法，在会计专业知识教学中多使用实训、实习等实践教学。不仅如此，还可以邀请与会计相关的企业财务总监等实务专家学者、公司管理者等不同层次的财务人员进行专题讲座。

三、完善考核方式

（一）分门别类的选择考核方式

对理论基础要求扎实掌握的学科，如基础会计课程，可以客观题为主进行考核，考查学生对理论内涵的掌握和理论联系实际的能力。对实践类课程，如会计信息系统，应强化过程考核，重点考核实际会计职业能力，可以将平时的应用操作训练计入期末成绩。

(二) 巧妙运用现代信息技术

采用信息化技术对考核方式进行革新，运用在线考评系统。例如，老师可以利用信息化技术和设备建立题库，增加无纸化上机考试。当前的会计初级和中级资格考试、注册会计师考试采用网络在线答题的形式。会计教育应当紧跟时代形式，增加在线考评系统，既可节约资源又能提高效率，还可以有效防止学生抄袭等现象。

(三) 严格要求

会计学专业应当制定严格的作弊惩罚标准和监考、巡考标准并严格执行，贯彻落实。监考老师应该集中注意精力注视考试现场，巡考领导、老师抽查式地翻阅现场考生的试卷，注意细节，以增强巡考的震慑力。营造良好的考试氛围，改变学生平时不学习也能考高分的负面氛围，激发学生学习的自主性和兴趣。提高学生会计知识掌握能力和职业判断能力，为未来职业发展打下良好的基础。

综上所述，相较于经济社会的飞速发展，会计教育发展逐渐落后，主要存在着不合理的课程设置、落后的教学方法和单一的考核方式问题。为了将会计知识更好地转化成会计职业能力，就需要设置合理的课程体系、改进教学方法、改进考核方式，最终形成良好的知识与技能培养互动和互补的状态，使会计综合职业能力培养有效融入会计教学当中。

由于统计问卷调查专业性有限，本部分的相关研究仍有诸多不足，如调查问卷的调查范围存在局限性，可能会影响统计结果分析的准确性。没有寻找更多的分析工具，可能会影响调查问卷的科学性。将在以后的会计教育工作和学习中会进一步关注会计教育相关情况展开更加深入、细致的研究。

第四章 会计知识转化为会计职业能力问题及对策探讨

本章附录

会计专业教育现状问卷调查

首先,本人在这里感谢您能在百忙之中抽空进行问卷调查!此调查问卷是本人运用实证研究方法进行论文写作的主要数据来源,请您认真填写或勾选。谢谢!

(一)请您填写您的个人信息

1. 您的姓名:[填空题]

_____

2. 您的性别:[单选题]

○男

○女

3. 您所在二级学院:[单选题]

○会计学院

○其他学院

4. 您所在班级:[填空题]

_____

(二)请您进行会计专业教育状况评价

接下来的题目将采用李克特量表七分法计量,分别代表非常不重要到非常重要,即:1分表示非常不重要;2分表示不重要;3分表示比较不重要;4分表示一般重要;5分表示比较重要;6分表示重要;7分表示非常重要。期望了解您对以下情况的态度。

表4-1　会计专业学科基础课重要性矩阵

重要程度 课程科目	非常不重要 （1分）	不重要 （2分）	比较不重要 （3分）	一般重要 （4分）	比较重要 （5分）	重要 （6分）	非常重要 （7分）
管理学原理	○	○	○	○	○	○	○
西方经济学	○	○	○	○	○	○	○
高等数学	○	○	○	○	○	○	○
线性代数	○	○	○	○	○	○	○
概率论与数理统计	○	○	○	○	○	○	○

表4-2　会计专业学科专业课重要性矩阵

重要程度 课程科目	非常不重要 （1分）	不重要 （2分）	比较不重要 （3分）	一般重要 （4分）	比较重要 （5分）	重要 （6分）	非常重要 （7分）
会计专业导读	○	○	○	○	○	○	○
经济法	○	○	○	○	○	○	○
基础会计学	○	○	○	○	○	○	○
中级财务会计	○	○	○	○	○	○	○
财务管理	○	○	○	○	○	○	○
统计学原理	○	○	○	○	○	○	○
税法	○	○	○	○	○	○	○
成本管理	○	○	○	○	○	○	○
内部控制	○	○	○	○	○	○	○
高级财务会计	○	○	○	○	○	○	○
会计信息系统	○	○	○	○	○	○	○
会计实务	○	○	○	○	○	○	○
审计学	○	○	○	○	○	○	○
公司战略与风险管理	○	○	○	○	○	○	○
会计（英语）	○	○	○	○	○	○	○
会计案例	○	○	○	○	○	○	○

表 4-3　会计专业实践课重要性矩阵

重要程度 课程科目	非常不重要 （1 分）	不重要 （2 分）	比较不重要 （3 分）	一般重要 （4 分）	比较重要 （5 分）	重要 （6 分）	非常重要 （7 分）
会计学专业综合能力实训	○	○	○	○	○	○	○
假期调研与见习	○	○	○	○	○	○	○
毕业实习	○	○	○	○	○	○	○
毕业论文	○	○	○	○	○	○	○

表 4-4　教学方法重要性矩阵

重要程度 教学方法	非常不重要 （1 分）	不重要 （2 分）	比较不重要 （3 分）	一般重要 （4 分）	比较重要 （5 分）	重要 （6 分）	非常重要 （7 分）
课堂讲授	○	○	○	○	○	○	○
案例教学	○	○	○	○	○	○	○
实践教学	○	○	○	○	○	○	○
校外实践	○	○	○	○	○	○	○
讲座	○	○	○	○	○	○	○

表 4-5　考核方式重要性矩阵

重要程度 考核方式	非常不重要 （1 分）	不重要 （2 分）	比较不重要 （3 分）	一般重要 （4 分）	比较重要 （5 分）	重要 （6 分）	非常重要 （7 分）
考勤加作业加考试	○	○	○	○	○	○	○
监、巡考	○	○	○	○	○	○	○
报告	○	○	○	○	○	○	○
小论文	○	○	○	○	○	○	○

本人最后再次对您表示感谢，您辛苦了！

第五章　加强会计职业道德培养的问题及对策探讨

摘　要：自改革开放的这么多年以来，我国建立了《会计法》等许多与会计相关的法律制度，会计的法制化也逐步进入了正轨。但随着经济的发展，我国会计信息失真的现象频繁出现，如果只有个别人这样做也许是其个人的原因，但若这种情况一而再、再而三地发生，就使得公众不得不对会计人员的职业道德产生一定的质疑。究其根本原因是会计职业道德的教育没有做到位。所以务必需要加强会计职业道德教育，提高会计人员的职业道德和业务素质。这样方可使会计信息失真的现象有所好转，才能使其发生的概率逐渐下降，从而慢慢增强、提升会计职业的公信力。本部分分析了我国会计职业道德教育的现状，并针对目前会计职业道德教育方面存在的典型问题，提出了部分行之有效的对策。

第五章 加强会计职业道德培养的问题及对策探讨

第一节 会计职业道德教育的理论概述

一、会计职业道德的内涵、主要内容及特点

(一) 会计职业道德的内涵

会计职业道德是指会计人员在从事会计职业活动中应遵循的会计职业行为规范。会计作为一个信息系统,其提供的会计信息涉及了社会生活的方方面面。所以,从某种程度上来说,会计职业道德起到了一个调整会计职业活动中有关主体间利益关系的作用。

(二) 会计职业道德的主要内容

1. 爱岗敬业

爱岗敬业要求人们无论从事的是什么类型的工作,首先都必须要热爱这项工作,并尊重它。众所周知,兴趣是最好的老师,只有当会计人员喜爱所从事的工作,他们才能对本职工作勤奋刻苦、一丝不苟,并能够始终保持积极负责的态度,尽自己最大努力去完成每项任务。与此同时,随着社会经济和技术的快速发展,会计人员还要努力钻研会计相关技术,随时对专业知识和业务知识进行学习,从而使自身的技能和知识都能满足工作的需求。

2. 诚实守信

诚实守信是最基本的礼仪,也是职业道德的精髓。在生活中,对他人要坦诚相待,言行一致,不能嘴上说的是这样的,可是心里却不是这么想的。而且许诺过他人的事就要尽力完成,否则久而久之,就不会被他人相信了。只有做到诚实

守信,才能换来他人同等的对待。那么在工作中,会计人员也要做到诚实守信,如实反映会计信息,不弄虚作假,才能利己利单位利社会。

3. 廉洁自律

在古代,有些官会被百姓们称为清官,并为他们题字送匾,是因为这些官能真正地做到公私分明,清正廉洁,不收受贿赂,并且尽职尽责地为百姓服务,时刻都为百姓着想。而会计人员在与钱财打交道的时候,一定要严格要求自己,在坏的念想还未施行前,用自己的道德和毅力将其抹杀掉。

4. 客观公正

在生活中,每个人都是经济人,也都是有感情的,难免会出现帮亲不帮理的现象,如若在会计人员身上发生类似的情况,则可能会使企业的钱财以及声誉受损。所以,会计人员在工作中必须坚持公正客观的态度,按事实办事,不因为关系的远近而做出不同的处理,亦不能因上级的意见而有所动摇,不论对谁都要做到按照一个标准行事。

5. 坚持准则

其实不仅是会计这项工作,每项工作都会有其要遵守的规章制度,所以会计人员一定要坚持准则,不能做违反法律法规的事。但是由于制定准则的复杂性,使得有些准则难以随着社会的变化第一时间做出相应的调整。所以会计人员也应根据自己工作的实际需要,有目的地去了解和学习一些与会计相关的法规,如票据、金融、证券等法律法规。目前,会计信息失真的情况比较严重,其中一个很重要的原因是会计人员在处理会计经济业务或活动时没有依照相应准则进行。因此,会计人员必须坚持准则,依法办事,保证编制出来的会计报告等信息合法、完整、真实。

6. 提高技能

时代的发展是很迅速的,会计人员如若不思进取,不努力学习,说不定哪天就会脱离了队伍。所以,会计人员一定要不断地提高专业技能,才能使自己立于不败之地。

7. 参与管理

虽然会计人员不直接从事经营管理活动,但也是企业的一部分,况且企业的经营与会计人员的自身发展是息息相关的,所以每一个会计人员都必须参与管理,为企业的管理工作尽自己的一份绵薄之力。会计人员应时刻准备着向领导汇报企业管理活动中出现的问题,并尽可能提供有意义的建议,以便领导做决策时会将其考虑在内。

8. 强化服务

会计工作其实是管理工作的一部分,这部分工作做得好,是企业能得以持续经营,也是企业能快速发展的前提条件。所以,会计人员应当充分利用自己掌握的会计信息和方法,把企业的管理进行适当的改善,从而达到强化经济效益的服务目的,提高服务的质量。

(三) 会计职业道德的特点

1. 原则性

会计工作的政策性是非常强大的,而正是这种强大造就了会计本身工作性质要求严格遵循相应的原则性。会计人员若是不能拥有必备的职业道德,就可能不会按照原则处理事情。那么这样不仅会对自身不利,同时也会给国家和人民造成一定的经济损失。

2. 具有一定强制色彩

为了能更好地约束会计人员,使得会计职业道德能发挥更大、更有效的作用,我国已经制定了部分与之内容有关的法律制度。

3. 较多关注公众利益

由于会计这份职业的特殊性,使得会计人员在工作中会经常受到各种利益的诱惑。而当会计人员的自身利益与其单位的集体利益甚至国家利益存在矛盾的时候，就可能会自私地选择自身利益。所以当产生利益冲突的时候，会计人员就会在职业道德的指引下，始终将公众利益放在第一位。

二、会计职业道德教育的含义

会计职业道德教育是各类教育中的一部分，也是不容忽视的一类教育，是为了让会计人员能慢慢地养成较高的会计职业道德素质，而对其进行有目标性、有计划性、有系统性的职业道德教育，并同时自然熏陶、感化会计人员的工作责任心能够逐步增强的一项活动。只有通过职业道德教育，会计人员才能更全面、更深入地了解会计职业道德。会计人员也只有在这样的过程中，其会计职业道德自然产生的情感才能得到比较好的培养，从而将自身的道德素养提高。但在工作中，会计人员时刻面临着要处理不同利益关系的处境，难免会有人抵制不住利益的诱惑。这就迫使会计人员必须具备良好的会计职业道德，将各方面的利益趋于平衡。又因为每个人的道德素质都是慢慢提高的，所以要想有良好的会计职业道德，其根本点最终还是落在教育的身上。

三、会计职业道德教育的主要内容

（一）观念教育

为了让会计人员尽职尽责地做好本职工作，就需要对其进行观念教育。因为观念教育可以让会计人员清楚地知道遵守职业道德的重要性，不遵守职业道德的可耻性。

（二）法制教育

其实法制教育在经济社会中是不可缺少的，因为法制教育能够让会计人员知法守法，知道哪些是应该做的，哪些是不可以做的，哪些是守法的，哪些是违法的。所以会计人员要好好地接受法制教育，那样才可能成为一个法律既承认而单位又很看重的工作人员。

（三）思想品德教育

一个人成绩好与不好，学习能力强与不强，智力高与不高，都不能直接决定他的品质是否良好。而扩大到每个行业、每个企业也是如此，会计人员同样不会成为例外。思想品德是一个人的内在品行，无论是谁都可以拥有高尚的思想品德。思想品德是不分贫富贵贱的，但其又是会计工作中必不可少的一部分。这就使得会计人员很有必要去进行思想品德教育。

（四）专业素质教育

会计的特殊性使得会计人员必须要具备一定的专业知识和技能，才能够从事会计岗位。如果没有一定的专业能力，在工作中就会出现很多问题，甚至会让一个企业直接破产。因此，会计人员应认真对待职业素质教育，争取学习更多更有用的专业知识和技能。

第二节 会计职业道德教育的现状及存在的问题

一、我国会计职业道德教育的现状

随着我国市场经济的迅速发展和完善，现在的会计职业技术也有了不少的进步，职业道德教育同样也取得了一些成绩，但是由于受到利益以及其他各方面的影响，会计信息失真的情况却呈现蔓延的趋势，其中最典型的问题就是会计作假。而因为会计作假等不道德行为造成的会计信息失真现象在我国如今却已经成为了一种普遍的现象。可是会计工作在经济活动中涉及面太广，使得出现的那些不道德的行为往往会对会计人员自身以及社会造成不同程度的影响。于是人们最后将缘由归结在了会计人员的职业道德上，而会计人员的职业道德应该通过教育来培养。对于专业的会计人员来说，他们所受到的教育基本都是来自于高校的学习。

根据相关资料可知，我国当前只有部分高等院校的会计专业开设了《会计职业道德》课程或者与之相关的教学安排。这种现象使得会计类人才缺乏应有的会计职业道德意识。而对在工作中的会计人员的道德教育也是非常少的，除了一些专业课本和法规中零星地谈及了部分职业道德的内容外，基本没有一本专门的讲职业道德的书出版，也基本没有专为职业道德而规范某些行为。无论是在高校学习还是已经在职工作了，都对会计职业道德教育这个问题不重视甚至忽视。依据有关调查显示，在337位专科会计专业的学生中，有19位同学表示有过会计职业道德类的学习任务，仅仅占到了学生总数的5.6%，且其中一部分是通过自己到图书馆借阅或者去书店购买书籍学习的。在450位本科会计专业的学生中，居然只有17位同学说自己学习过会计职业道德类的课程，也只占到了总人数的3.8%左右，其中只有少部分是在课堂上学习的。由上述数据不难计算出，只有9.4%的会计专业学生学习过会计职业道德类的内容。而最值得指出的是，在那9.4%的学生中，竟只有不到1/3的学生是通过课堂这一渠道获取的相关方面的知识，可见高校对学生会计职业道德教育的不重视。这些现象导致了我国现阶段会计职业道德处于偏低的水平，其具体表现在以下三个方面：

（一）会计人员的理论水平偏低

现实生活中，许多企业都会在招聘会计或财务人员的信息中重点指出"有相关工作经验者优先考虑"。其中有很多会计从业人员的文化程度只限于初中或者高中，而在初、高中并不会开课程来学习会计理论知识，但这部分人很早就走出社会从事会计工作，相比较大学生来说，经验自然是很丰富，或者可以称其为老手,可他们的会计理论水平却是有限的甚至可以说是比较低的。而其实在大学,学生对会计理论知识的了解程度也只是基于表面,并没有深层次的钻研,只是比未接受过理论知识教育的会计人员知道的稍微多那么一点。

(二) 敬业爱岗的精神偏差

有些企业的领导或者负责人会为了自己的个人利益,而要求会计人员通过虚增利润、虚减费用等手段做假账,有些会计人员会反对或者拒绝,但当上级威胁说不照做就走人的时候,还是会选择做假账。这说明会计人员敬业爱岗的精神抵制不住诱惑,缺少基本的道德品质。

(三) 缺乏精益求精的精神

随着人们思想的开放和物质生活的改善,大家都学会了享受生活。到各地去旅游、参加各种休闲娱乐活动等,很是频繁,这却使得人们很多时候不会积极地去对待一件事。同样地,一些会计人员在工作中仅仅只完成上级交代要做的表格或者报告,不会主动地去了解和学习一些与不熟悉业务相关的知识。每天上班的时候就在计算着回家的时间,对待工作不积极、不负责,只满足于现状,缺乏精益求精的精神。

二、会计职业道德教育存在的问题

我国会计造假案例层出不穷,从之前的"安然事件"到最近的"绿大地""万福生科"等事件,其中很多都是上市公司,它们通过各种手段造假,从而达到不纯的目的。就拿"绿大地"来说,其通过虚增几千万元的收入使得利润相应地也虚增了,这样做是为了让会计财务报告展示公司的盈利高,有很大的发展空间,从而吸引更多的投资者对其进行投资。生活中也曾发生过这样一个案例:某公司是一家专门营销家用电器的中型连锁公司。2008年12月,公司因为产品滞销造成经济亏损。于是公司高层领导就要求财务部的会计人员汪某对财务报表做些数据上的变动，使得报告呈现出当年盈利的假象。并以升职加薪作为条件，诱使其将账做得漂亮些。在利益和欲望的驱动下，汪某通过虚拟部分交易、虚减有关费用等途径，将公司的会计报表扭亏为盈。像上述那么多的案例之所以能发生，其中很重要的一个原因就是会计人员的职业道德素质低。而良好的会计职业道德很大一部分是要靠教育来逐渐形成的，就这些案件发生的数量可见，我国在会计职业道德教育方面还存在很多问题，其中存在的主要问题如下：

(一) 在会计专业教学中不重视对职业道德的教育

许多大学会计专业的教师在讲课时，只知道一味地传授给学生各种各样的专业知识，而忽视了职业道德方面的教育，使得学生以为掌握专业知识是最重要的，于是将大量的时间都放在了每学期的专业考试和会计职称的考试上。虽然有些教师在上课的时候，为了使学生更好地意会有关会计的专业术语，会给学生举些例子来加以说明，那么其中不免会有涉及职业道德的例子，但教师却不会过多地对其进行阐述，只是在最后加上一句，大家以后一定不能做违反职业道德的事情。而且我国的教育方式是教师一个人在讲，学生只需负责听，使得学生都是被动地接受教师所讲的，在课堂上没有参与讨论的习惯，于是就造成了学生缺乏主动学习精神的局面。这种情况就算是在开设了会计职业道德课程的高校，学生理解和掌握会计职业道德的比例也不高，职业道德教育的效果仍不够理想。

(二) 不注重会计教师的师德培养

想必大家都知道，教师的作用是任何人都不可否认的，也是无法替代的。可是很多高校却并没有对会计教师的师德培养引起一定的重视，自然使得一些教师不具备足够的职业道德素养，不仅不能为学生树立道德的好榜样，反而会让学生趁机模仿，造成不良的影响。又鉴于高校对职业道德教育的不注重，有些教师在传授职业道德的时候并没有多大的热情，上课也只是为了应付学校安排的任务，不能让学生对会计职业道德有一个清楚的认识。俗话说，"青出于蓝而胜于蓝"，可如果教师自身的道德和素质都不高，就很难想象他们如何能够教会学生养成良好的会计职业道德和素养。

（三）对会计在职人员职业道德的后续教育缺乏持续性

会计专业的学生都知道，财政部有一项规定，就是会计在职人员必须要完成后续教育中的专业学时教育，否则过了学习的时间其会计证就不被认可了，但却并没有对职业道德的后续教育有所规定。会计在职人员从高校毕业后就直接工作，在工作中不免会遇到一些有关道德的事件，但由于毕业到工作之间没有机会进行职业道德方面的教育，则可能会使其缺乏一定的职业判断能力。同时后续教育中又缺少对职业道德的教育，对于那些初出茅庐的学生们来说，难免会犯一些职业道德上的错误，这在一定程度上会对我国的整体职业道德水平造成不利的影响。

（四）缺乏职业道德方面的考核内容以及评价标准

会计是对实践经验很看重的一项工作，工作年限越长，就越容易受到企业的重视，职位和工资也会随着上升，且会计职称考试也对工作经验有很大的要求。但不论是企业还是职称考试，都对职业道德显得漠不关心。企业不会将会计人员职业道德的高低来作为晋升的理由，也很少有企业制定评价职业道德的标准，来对会计人员进行考评。而会计职称考试或会计资格考试的考核内容中也很少涉及会计职业道德知识，也没有将企业对会计人员职业道德的评价纳入考虑范围。那么自然就会导致会计人员只知道被动地工作、学习理论知识，流走于各种职称考试中，而对职业道德并没有过多的了解，甚至不了解。因为即使有些会计人员违反了会计职业道德，但企业并没有对其进行考评或者处罚，对职称考试也没有任何影响，有时甚至能得到很大的利益，他们就无法正确认识职业道德，无法正确意识到违反职业道德是不可行的，是违法的。

（五）有关会计职业道德教育方面的制度不健全

当人们在谈论会计职业道德教育的时候，大多数人头脑中闪现的都是"这个道德教育主要是靠自己的思想意识和信念来完成的",但往往不知道其实职业道德教育还可以通过制度来强制完成。大家在网上可能会经常看到各式各样的寻人启事或者通缉逃犯的通知,想必让大家印象最深刻的就是诸如"帮忙找到者必有重谢""提供线索者奖励一千元"等字眼,因为这样别人才会觉得这件事值得去做。但对于会计职业道德教育,我国现今并没有健全的制度明确规定,做得好与做得不好的不同对待,在权衡之下,有些人会选择后者,一劳永逸,因为前者要付出很多的努力和汗水,却不能得到更多。虽然说会计职业道德教育靠自律的方面多一点,但有时候有些事一旦没有强制性的制度做后盾,发生的概率就会大一些。所以制度对会计职业道德教育还是能起到很大作用的,但相关的制度在我国仍不健全,没有建立明确的制度安排。

第三节 加强会计职业道德教育的必要性及对策

一、加强会计职业道德教育的必要性

(一) 会计职业道德教育是规范会计行为的基础

会计是一份近距离跟金钱挂钩的工作之一,会计人员跟钱相处久了,难免会日久生情,从而会为了个人利益而动歪念,利用工作上的便利将企业的财产据为己有,使企业蒙受巨大的损失。像这种会计、财务人员私吞公款的例子已经发生了很多,严重影响了社会秩序。因此,必须要强化会计职业道德教育,从而规范会计人员的职业行为。

(二) 会计职业道德教育是提高会计人员素质的内在要求

我国的会计人员相当多,因为每个企业或者行政单位,无论规模大小,可以

不需要服务人员而自己亲自来做,也可以不需要司机而自己来开车,但是却不能缺少会计人员,所以全国每家小型、中型、大型等企业,都有至少一名会计人员。可见,会计人员的数量之多,但正是因为人数太多了,每个人的素质都是有所不同的,于是就拉低了整个会计人员群体的道德水平。而会计人员素质水平的高低,对我国的经济发展有很重大的影响。加强会计职业道德教育,可以在道德方面对会计人员产生一定的制约,从而内在地提高会计人员的素质,同时实现宏观的经济目标。

(三)会计职业道德教育是保证会计法律制度正常运行的需要

会计职业道德教育侧重的是思想上、道德上遵守法律法规,是一种无形的道德力量,一种内心的信念,与会计法律制度外在的力量相对应。而只有当这些道德教育最终转化为会计人员的内在品质,才能算真正意义上的规范会计行为,才能保证会计法律制度正常运行。

二、加强会计职业道德教育的对策

(一)将专业教学与职业道德教育结合起来,并适当引入案例教学

高校是培养人才的地方,但毕业后,一些学生不会选择和专业相关的工作,但大多数仍然会选择所学专业的工作。而会计人员有绝大一部分是出自高校的,毕竟只有大学才开设会计专业的学科,所以高校是培养会计人才的一个很重要的场所。那么,高校教师在会计教学中,不仅要教授专业知识,也应该注重职业道德方面知识的传授,让学生尽早地了解会计职业道德的重要性。首先,会计专业应当增加《会计职业道德》课程,从职业道德入手,引导学生做人。但如果有些高校没有相关条件专门开设这样的课程,则可以在专业课中适当地增加一些职业道德方面的教育,潜移默化地对学生施加影响。其次,我国高校的教学方式都是以教师为中心,老师一个人在讲台上讲,像职业道德的内

容基本都是文字,难免会让学生听起来觉得枯燥,那么就应该提高学生对这门课的兴趣。其实每个人对动态的画面更有意愿去观看和学习,也更容易将其中的内容记忆下来。

因此要想让学生提起兴趣,就应该在会计职业道德的课程上,适当引入案例教学。然后在此基础上,可以就案例向学生提问题,毕竟道德方面在不违反法律的前提下是没有一个明确的标准的,每个人都可以就此发表自己的不同观点,从而激发学生的热情,最后老师再对这些观点进行总结,教导学生要遵守会计职业道德规范,做一个知法守法、有道德的会计人员。在经过长此以往的一番激烈地讨论后,学生就会从内心热爱会计职业,就能更主动地去学习职业道德,这样就能达到很好的教育效果。

(二)注重会计教师的师德培养,做到言传身教

教师只有"自身硬"了,才能作为学生学习的榜样,才能教育学生成为有道德、有素质的人。因此,必须加强会计教师的师德建设,让其能够以身作则。首先,应该定期地对教师进行职业道德的培训,并鼓励教师要时刻不忘提高自身的会计职业道德修养。其次,要从思想上让教师认识到会计职业道德的重要性,只有当教师心里接受了它,才能在教学中自觉地并且很乐意地教授学生会计职业道德相关方面的知识。最后,教师也应适当地改变教学方法,对级别不同、专业不同的学生要选用不一样的方式。大学生基本都已经成年了,对每件事情都有自己的主见,教师要慢慢引导学生改正自己错误的观点,不要随意对其进行批评,要充分尊重学生,才能更好地教育他们。

(三)完善会计在职人员职业道德的后续教育

由于工作的压力、环境的影响以及利益方面的诱惑,会计在职人员经常会在工作中受到道德方面的挑战,这就使得后续教育也应该受到关注。所以在后续教育中要增加职业道德教育的学时,让会计在职人员对其产生一定的重视,让其知道,不好好学习职业道德,可能会被解聘或者要重新考证,甚至无法再从事会计

第五章　加强会计职业道德培养的问题及对策探讨

工作。同时要定期对会计在职人员进行道德方面的培训,让其能有多一点的机会与他人交流经验以及互相学习。由于每个人的年龄、水平、学历各异,所以使得后续教育具有很强的灵活性。在培训中,可以针对不同层次的在职人员的现实需要适当地选择教材,既可以使用在书店能够购买到的书本,也可以请专家来专门制定适合的教学内容。而培训的课时,也可以有长有短,对经验较丰富的会计人员可以设定少一点的课时,而对刚进入这个行业的会计人员则可以安排多一些的课时。同时,在进行培训的时候,可以通过讲述或者播放一些典型的案例让在职人员更清楚、深入地了解会计职业道德。一方面通过反面案例教育在职人员不能违反职业道德,而要做自己应当做的事,有些错误是可以被原谅的,但有些错误发生了却没有挽回的余地;另一方面通过正面案例教育在职人员"诚信光荣,造假可耻",增强他们的职业荣誉感和自豪感。

(四) 加大会计职业道德知识的考核,建立会计职业道德评价体系

在各类职称考试中应通过各种形式来加大会计职业道德方面的考核内容。这样不仅可以检测出会计人员对会计职业道德的掌握程度,还可以促进会计人员自觉地去学习会计职业道德。各个单位或者企业还应建立相应的会计职业道德评价体系,对每个人的考评都用计分的方式记录下来,然后定期对其进行表彰或者惩罚。对单位有杰出贡献的会计人员,且能做到严格遵守会计职业道德的,对其给予一定的物质奖励,并颁发奖状。同时,当着全体会计人员的面对其进行表扬,让其在精神上也得到鼓励。对那些分数较低但又没构成刑事犯罪的会计人员也要进行一定的处罚,可以在其工资中扣减相应的罚款,并对其进行警告,如若再犯,单位或企业有权不再雇用。有了评价体系,会计人员才更有动力和目标去努力工作,并知晓自觉地规范自身的职业道德行为,从而促进良好会计职业道德的形成。

(五) 加强会计职业道德教育的制度安排

国家应该构建严格的制度,用外在力量强制规范会计人员的行为,明确指出应该做的事、可以做的事以及不能够做的事。

同时要建立有效的机制，对会计人员的道德行为进行扬善惩恶，使会计人员知道遵守职业道德这一行为是会得到表扬的，这会让其在内心得到一定的满足，也能让其清楚地知道遵守与不遵守是有很大区别的。当然也要对违反会计职业道德的会计人员进行应有的处罚，让其吸取教训，也让其知道违反会计职业道德是会付出一定代价的。在这样的前提下，会计职业道德教育的相关工作才能得以顺利地进行下去，才能创造一个更美好的环境供会计人员学习会计职业道德。

第四节　结　语

有关会计职业道德引起的问题已经越来越受到公众的重视，会计人员应该将"不做假账"作为最基本的道德规范。因为一旦会计信息失真，不仅会浪费资源，还会对社会经济的正常秩序造成很严重的影响。因此，加强会计职业道德教育就显得极为重要了。

而加强会计职业道德教育，是一项紧迫而又长久的任务，不是短短的几个月就能完成的，这是一项浩大的工程，绝非会计界所能单独解决的，所以一定要依靠各界的帮助。但是笔者相信只要社会各界一起努力，相互交流、协商，会计职业道德教育一定会在现有的基础上有所进步和突破，那么日积月累，总有一天会发生很大的转变，总有一天能将会计队伍的道德教育逐渐推向一个接一个的新水平。但由于笔者水平有限，难免会在内容上出现某些差错以及论述的不当之处。诚挚希望各位专家老师提出完善意见，充实相关内容。

第六章　学业不良学生立体化教育转化体系的构建和实践研究

摘　要： "学业不良"大学生主要是指身心健康，智力较为正常，但在学业中存在着严重障碍的高校大学生，只要具备了一定的条件，其学业不良问题是能够改善的。尽管国外在此领域的研究已取得不少成果，但由于社会背景和教育水平的巨大差异，对我国的适应性不强；而国内学者的研究重点主要体现在如何干涉并改善学业不良学生的情况；综观海内外的研究历程，研究成果与实际教育仍存在着较大的脱节，研究的侧重点也主要集中在中小学基础教育阶段，对高等教育阶段的学业不良问题的研究较少，迫切需要建立较为完善的研究框架，否则会降低人才培养质量，甚至影响社会稳定。

本部分将基于"人的全面发展"理论，利用高校学生管理方面的已有研究成果，以地方高校"缺陷"大学生为研究对象，对"缺陷"的成因进行分类，将教育者可以干预的"缺陷"纳入"学业不良"的转化范畴，进而挖掘其特征和演化规律，不断探索地方高校学业不良学生的有效转化方案，逐步构建起学业不良学生的立体化教育转化体系，为不断提升地方高校人才培养的质量提供适应性对策。

第一节 地方高校大学生自由全面发展的特征和标准

面对新时代的经济形势和社会要求,高校应当进一步加强和改进大学生自由全面发展教育,促进大学生自由全面发展的同时鼓励个性化发展,其特征和标准主要包括思想道德素养、科学文化素养和身心健康素质等各方面的协调发展。

一、思想道德素养方面的教化

学校需要加强和提高大学生思想道德素养,使其树立正确的道德方向,充分发挥国学与中华传统美德的熏陶教化作用,积极引导当代大学生逐步形成正确的世界观、价值观、人生观,懂得通过正确的方式和渠道展现自身风采,实现自我价值,为社会多做贡献。作为新时代的高校毕业生,首先学会的就是如何做人,于待人接物中展现良好的道德素养。应不断汲取中华传统文化中的精华,以传统美德作立身之本,学会儒家的仁爱、道家的天道行健、法家的重诚守信等,集百家之长,养自身之德。

二、科学文化素养方面的培育

加强培育大学生的科学文化素养,帮助大学生形成良好的学习观念和学习方法、掌握基本的技能、技巧和挖掘其智力潜力。师者应做到传道授业解惑,让学生在学习过程中既要端正积极的学习态度,做到活到老学到老,又要让他们掌握恰当的学习方法和学习技巧,为他们解答学习过程中遇到的各种疑惑。作为当代大学生,想要做一个有价值的人就应当掌握好本专业的基础知识与基本技能,逐步构建起自身的专业知识体系,利用课余时间广泛阅读本专业及相关专业书籍,丰富知识架构，不断提升自身专业素养，做到融会贯通，精益求精。

三、身心健康素质方面的教育

在当代大学生中普遍存在着"低头族""手机党"等群体，高校应当积极推动"走下网络，走出宿舍，走向操场"等活动的持续开展，不只是流于形式，更应当让每一位高校学生切身感受到沐浴在阳光下的舒畅与惬意，奔跑在操场上的洒脱与开怀，只有真正感受到这种美好的感觉，学生方能更向往也更积极地参与其中。

所以，当代大学生要想发挥自身价值，一方面应当培养自己至少有一项体育爱好，积极参加各项体育活动，主动锻炼身体，让自己拥有良好的体魄；另一方面，要保持健康向上的心态，做到胜不骄，败不馁，坚强勇敢地面对学习、生活和工作中的挑战与机遇，为自己搏出一方天地，也为渐趋年迈的父母撑出一片绿荫。

第二节 地方高校大学生学业不良内涵的界定

首先介绍国内外高校对于学业不良的研究趋势，提出本部分对于地方高校学业不良大学生的标准界定，以明确本部分的转化对象，更好地提出适应性策略，方便转化方案的实施开展。

一、国内外对高校学业不良的研究现状

（一）发达国家对于学业不良的研究状况

在教育较为发达的国家，对于学业不良问题的研究开始于19世纪末，分别

经历了生理医学研究阶段、心理教育研究阶段和多样化研究阶段。而近年来，国外许多教育学专家开始应用社会学的观点和方法来探讨学业不良学生的成就责任归因、自我概念特征及学业不良学生行为模式同社会特征之间的各种联系。尽管国外在此领域的研究和实践已取得了不少的成果，但由于社会背景、教育理念与教育发展水平的巨大差异，上述理论和成果对我国实际情况的适应性不强，但可以为此提供一些借鉴。

（二）国内对于学业不良的研究进展

对于学生的思想状况、心理状况等方面的研究涉及较少。对当下高等教育阶段普遍存在的学业不良问题更是甚少研究，且研究体系不够健全。目前部分地方高校已经开始从不同角度进行这方面的研究，正在不断地涌现出新的成果。

二、地方高校大学生学业不良问题的界定标准研究

学业不良的标准既是一个相对的标准，同时也是一种因人而异的个体标准。相对的标准包括了需要考虑地区的实际教育水平以及完成学业所需要的一些基本的条件，这种因地制宜的考量能够有利于做出符合实际的判断并制定相对应的学业不良转化措施。而个人的标准则需要考虑到个体的差异，从而更加符合教育中的因材施教原则。

首先，大学生的首要任务就是学习。通过不断地吸收消化专业知识、锻炼提高专业技能，提高自己学习能力，提高对专业的兴趣度，提高自己的科学文化素养，同时也是为自己未来以后的职业生涯奠定坚实的基础。所以，课业成绩的高低应是大学生学业状况最直接、最重要的影响因素。

其次，良好的思想道德素养是立身之本，是每一位当代青年都应该具备的最基础的素质，是每一位大学生必修的课程之一，它显露于人的言谈举止、待人接物等方方面面，是家庭教育最为直接的展现。因而，是否拥有良好的思想道德素养可作为品评当代大学生学业状况的因素之一。

再次,生活中处处需要与人交际,拥有优秀的社交能力不仅能够与亲朋好友、师长同学、同事队友们友好相处,更能使在各个部门处理各种事情、在工作中保质保量地完成各项任务变得较为顺畅。因此,笔者认为,优秀的社交能力也是良好学业的一种表现形式。

最后,特长优势是指特别擅长做的事情,尤其指相较于他人格外占据领先地位的才能。所谓尺有所短寸有所长,每个人都有自己的优势与长处,如果能够扬长避短,凸显自身优势才能,同样可以为自己的大学生活增添色彩。因而,是否具有明显的特长优势同样也是大学生学业状况的影响因素之一。

综上所述,地方高校大学生的学业不良界定为:在地方高校学习阶段,生理上无缺陷、智力上较正常的大学生,在课业成绩、道德素养、特长优势、社交能力等方面各占一定比例的标准化综合评价中,评价结果远低于本专业其他同学的平均水平,同时其自身的优势潜能又没有得到很好的发挥,这样的学生可以界定为地方高校学业不良大学生,并成为需要进行转化和帮助的对象。即在同等的教育环境下,课业水平、综合能力以及兴趣爱好培养等方面都在较长一段时间内远低于大多数同学平均水平的地方高校大学生。

由此,运用专家评分法①对上述界定进行如下的标准性划分,定期从课业成绩、道德素养、特长优势、社交能力等指标对地方高校大学生进行评价:以最终的综合评价值为最终衡量标准,如表6-1、表6-2所示。

表6-1 对地方高校大学生学业评价界定标准

综合评价值(分)	100~90(含)	90~75(含)	75~60(含)	60以下
界定	优秀	良好	及格	不良

---

① 专家评分法也是一种定性描述定量化方法,它首先根据评价对象的具体要求选定若干个评价项目,再根据评价项目制订出评价标准,聘请若干代表性专家凭借自己的经验按此评价标准给出各项目的评价分值,然后对其进行结集。

表6-2 对地方高校大学生学业评价指标及其权重

评价指标（%）	课业成绩	道德素养	社交能力	特长优势	综合评价值
权重	40	25	20	15	100

第三节 地方高校大学生学业不良成因及影响的系统化研究

一、地方高校学生学业不良成因研究

根据相关调研可知，多个方面的因素都会造成地方高校大学生的学业不良现象，一方面来自社会、家庭和学校等方面的客观因素，另一方面由于学生个体的主观因素。其中，学生个体的主观因素的影响是最主要的，也是引起学生学业不良的直接因素，至于其他因素则需要通过这一因素的同化或是顺应而产生作用。

（一）学习价值观和学习态度的消极和偏失

学习观是个体在学习活动中形成的、对学习及相关事物的看法和认识，包括学习价值观和态度。① 现今很多地方高校学业不良大学生的学习目标的价值追求方面存在着明显的外在化、功利性色彩，严重偏离高校教学目的，或是为了出人头地、光耀门楣，或者是为了混个文凭、提高学历，或是为了找个好工作、拥有

---

① 源于金保华、顾沛卿于2013年在"教育部学习科学教学指导分委会第二次会议暨全国大学学习科学研究会第十一次学术年会"上发表的《地方高校大学生学业不良的学习论反思》。

好的前途，大多都是涉及自我及个人利益方面。而在学习态度方面，很多学生更是严重缺失了"自主学习"的精神，将学习看作是一项在家长的督促、老师的耳提面命下不得不去做的任务。作为单纯接受、被动灌输知识的他们，不能够主动驾驭书本知识和外部环境成为"我要学"的主体。如此消极和偏失的学习观念和学习态度，必然会对学生的学习活动产生消极的不利于其发展的不良影响，也由此导致了学业不良现象的产生。

(二) 意志品质薄弱

众所周知，学习其实是一项复杂且艰苦的脑力与智力劳动，它要求学生在规定的时间内了解掌握并吸收消化大量的科学文化知识与相关技能，为今后获得更新、更深层次的知识与技能奠定坚实的基础。

任何学生在实现学习目标的过程当中难免遇到困难和挫折，所以就需要学生凭借自身锲而不舍的刻苦钻研精神和坚定不移的优秀意志品质去面对与化解一切挫折与挑战。有研究表明：在大致相似的学习环境、生活环境和教育水平下，意志品质更为坚定的学生，学习成绩大多较好且能力提升较快；而意志品质相对薄弱的学生，却很难充分展现自身能力且学业成绩一般也不甚理想。地方高校学业不良大学生的意志品质情况则可以从另一个侧面印证了上述结论。

(三) 缺乏学习动力且投入程度较低

学习动力是学生学习的催化剂，是引起、维持和调控学生学习行为的一种心理倾向，是开展学生学习活动的原生态动力。地方高校学业不良大学生普遍具有缺乏学习动力特别是缺乏持久常态化的主观学习动力的倾向，之所以会缺乏这样的学习动力，是因为学生缺乏明确的人生理想及对其所学专业的学习兴趣与研究兴致所致。

在对笔者所在的地方高校学业不良大学生调研中，笔者研究发现只有很少的学业不良学生对自己所学的专业是完全了解的，大部分的学业不良学生都不太了解其当下所学的专业,如表6-3所示。

表6-3 地方高校学业不良大学生对其所学专业的了解程度　　单位:%

了解透彻	较为了解	不太了解	根本不了解
13.4	24.6	49.2	12.8

由此可知,大多数地方高校学业不良大学生对其所学专业不够了解,甚至还存在着强烈的抵触心理。积极的动力既可以提高学习的兴致,同时,学到的知识反作用于学习动力,使其进一步增强;反之,缺乏人生理想和对本专业的学习兴趣的学生也同样缺乏积极的学习动力,进而导致这些学生对专业学习的投入程度以及对学业的努力程度较其他同学低,学习成绩也因此得不到提高,如此重复性的失利反而强化了其对学习的挫败感和焦躁感,长此以往很可能会逐渐陷入自暴自弃的恶性循环中,进而导致了他们的学业不良状况。

(四) 学习气氛不佳

学习气氛是学习过程中的重要影响因素,指学生在学习过程中因学习活动而串联起来的人际交往关系和情感氛围,包括校风校纪、师生关系、同窗关系等。学习气氛在大学生的学习生活中发挥着至关重要的作用,它不仅能够深刻地影响到教师的教学能否达到预期的效果,影响到学校能否很好地实现既定的人才培养目标,同时,对于学生能否成人成才都有着举足轻重的作用。学习气氛中,师生之间的沟通交流是尤为重要的,尤其是在学生出现学业不良倾向之初,倘若教师可以及时地给予指导和纠正,那么学生产生学业不良问题的概率将会有明显降低。

二、地方高校大学生学业不良的不良影响研究

（一）课业成绩不佳

学业不良最为直观的表现就是学生的课业成绩不佳，达不到学校预期的教学效果，在课业学习上也会占用到比其他同学更多的课余时间，进而影响到其正常的校园生活。

（二）学习状态消极

学生在学习上的不顺利，很容易影响到其不断学习的动力，影响其学习的积极性与主动性，进而导致在接下来的学习上处于消极怠工状态，不利于学生接下来的发展。

（三）影响心理健康

学生最主要的生活就是学习，而学业不良将会直接影响到学生的心理健康发育。相比同班同学，学业不良学生存在明显的学习弱势，会影响到其与其他同学的正常的沟通交往，容易使其产生自卑心理，严重者甚至可能导致自闭症等的沟通障碍。

第四节 地方高校学业不良大学生立体化教育转化体系的构建

一、地方高校学业不良大学生教育转化研究

地方高校学业不良学生教育转化的根本出发点就在于最大限度地提高地方高

校的教育公平，因为教育公平是社会公平的基础，而这已然成为当代地方高校建立学业不良学生教育转化体系的主要理论依据之一。因此，基于提炼出的教育者可干预性比较强的若干因素，并按照学校岗位分工，构建由管理干部、任课教师、辅导员、学生家长、学业良好学生协同参与的地方高校学业不良学生立体化教育转化体系；采用"理论—实践—理论"的研究思路，在实践中发现分析并解决问题，根据学生的总体情况结合该体系参与方的工作量等因素，运用模糊综合评定方法等定性和定量相结合的方法来确定学生学业不良的标准，该体系的运行以实现地方高校大学生全面发展为目标。

其中，作为学校各层级的管理干部，应当及时准确地掌握学生学业不良的各项情况，及时准确地制定相关的方针政策，将学业不良学生统筹分配给各位负责的任课教师及辅导员，督促各位老师认真细致地了解各自负责的学业不良学生的各方面情况并帮助这些学生不断地发现并解决自身学业问题，早日甩掉"学业不良"的帽子。

作为任课老师及辅导员，在其日常工作中，应当及时有效地与学生沟通交流，及早地发现学生在学习生活中的一些问题并加以指导。而针对其各自所负责的学业不良学生，更应因人而异，针对每个学生自身的性格特点、学习方法、家庭影响等因素，制定行之有效的转化方案，安排优秀学生干部及学业良好同学共同对其督促辅导，帮助学业不良学生改进学习方法，提升学业水平，发掘天赋潜力，实现自身价值。

在校期间表现优异的学生干部及学业优秀学生，应充分利用课余时间，积极协助老师帮助学业不良学生，辅导督促其课业的同时，努力发掘其自身潜力及感兴趣的事物，逐步培养成兴趣爱好，使之能够很好地找到自身的发展方向并主动为之努力。

作为学业不良学生，更应该积极主动找到老师进行交流沟通，向老师同学寻求帮助，努力配合老师及同学们的帮助，发掘自身的闪光点，找到自身的发展方

第六章 学业不良学生立体化教育转化体系的构建和实践研究

向,为自己设定发展目标,不断敦促自己奋力前行。

二、地方高校学业不良学生教育转化策略

针对上述对地方高校学业不良学生成因的剖析,在此基础上提出具有针对性与可行性的教育建议和转化策略。

(一) 注重对学生的学业指导

良好的开端是成功的一半。针对学生学业不良现象,想要防患于未然,其首要问题是注重学生在校期间的学业指导工作,特别是要加强新生初入学时的引导与指导工作,帮助学生尽快地适应新身份的转换。

(二) 培养学生坚定的意志品质

坚定的意志品质是在成长过程中逐步培养起来的。地方高校学业不良大学生坚定的意志品质的培养、锻炼,从教师的角度来说,首先要帮助学业不良大学生树立正确的三观及学习观念,增强学业不良学生的拼搏精神,确定正确的人生方向与远大的理想信念;积极主动地帮助他们设立切实可行的短期与长期目标,尽可能预估将会遇到的挫折和困难并制定相应的解决方法、处理对策,鼓励他们逐步努力地实现自己的既定理想;从学生角度而言,应当以积极乐观的态度面对未来的各种挑战,尽力将挑战转化为自己不断前行的动力与更好发展的机遇,并借此培养锻炼自己坚定的意志品质。

(三) 增强学生的学习动力

目前,大多数大学生都处于盲目地学习、考证的状态中,HR 喜欢什么,考试考什么,他们就学什么。面对当下较为严峻的经济形势与强大的社会就业压力,地方高校大学生相比 "985" 工程、"211" 工程等高校学生在缺乏了那块"镀金"的敲门砖的劣势下,他们很多都缺失了自我,随波逐流,被动学习。这样的环境,是挑战,亦是机遇。有些学生能够坚定自己的目标,激流勇

进，奋力拼搏；有些学生却不堪重压，缺乏信心。除此之外，为父母养老的压力，或是父母祈求安稳平顺生活的心愿，导致学生变成学习的被动接受者。因此，如何提高地方高校学业不良大学生的学习积极性，激发学生的学习兴趣，增强学生的学习动力是目前解决地方高校大学生学业不良问题的艰巨任务。

学校应当尊重学生的学习兴趣与提高教学趣味性。首先，对于盲目报考专业的学生加以了解询问，确定其兴趣方向并考虑是否对其专业进行适当调整和改动。其次，提高教学质量与教学水平，严防教师照本宣科，趣味性的教学模式可以提高更多同学对本专业的兴趣度，增强好感。最后，定期了解学生的整体学习状态，及时询问并得到有效的教师教学评价反馈，便于教师更好地改进自己的教学方法与教学模式，提高自身教学水平与教学能力，也便于学生更好地理解知识，尽快做到融会贯通。

（四）创设良好的学习氛围

相较而言，地方高校学业不良大学生自我约束力较差，容易受同学群体的影响，因此，营造良好的学习氛围带动影响就显得格外重要。当学生觉察到班级中呈现出好学向上、互帮互助的氛围时，则可能受到感染——主动学习并虚心求教。反之，在学习、生活中不积极求知，遇到困难挫折时也不主动地向亲朋好友求助，这样会使他们倍感迷茫无助，加重心理压力、影响自身学业。因此，提高班级的向心力，营造积极的学习氛围，培养同学之间的互帮互助精神，对于转化学业不良大学生将会是非常有效的。

教师平时就要强调同学互帮互助的重要性，提倡教师与学生之间、学生与学生之间的团结协作，对于同学间有彼此请教、相互答疑的情形要多给予鼓励和赞扬。此外，还可安排专业老师与班级优等生定期帮助学业不良学生改进学习方法，补上落下的课程，逐步改善学业状况。

第五节　地方高校学业不良学生立体化教育转化体系的实践研究

一、立体化教育转化体系的实施方案

（1）通过调查、走访、座谈、谈话等多样化的形式，收集开展研究的第一手资料，通过谈话与问卷调查了解分析有关班级学业不良学生的不同表现及原因，以收集大量的原始资料，使学生更加客观地了解认识自己，让教师更有针对性地制定具体的教育目标和方法。

（2）将学生分为八组，其中四组为实验组，四组为对照组，实验组和对照组学业不良学生各方面情况保证相对一致。

（3）组织师资力量，通过与学生家长联系，进行有效的沟通，联合学生家长，针对学生的实际情况，执行已制定出的教育方法（对实验组实施教育转化策略，对照组不加以干预）。在这个过程中要注意学生的学习指导、培养学生的意志品质、激发学生的学习动机、创设良好的学习氛围等方面的工作。

（4）最后进行实验结果的分析研究，把实验组和对照组进行配对比较，验证转化效果。

二、实施方案在一个二级学院实施

为方便实施方案的顺利开展，秉承就地取材的原则，在与院校领导及相关负责老师进行充分的沟通后，本方案最终决定在笔者所在的院系实施开展。

根据上述拟定的学业不良评价指标中课业成绩占比较大的因素，随机选取了六个班级某学期期末考试情况做摸底调查，其学业不良情况如表6-4所示。

表6-4 各班级学业不良情况

班级	人数（人）	学业不良人次	学业不良率（%）
A1221	49	8	16.33
A1223	47	11	23.40
A1222	48	4	8.33
A1228	48	4	8.33
A1213	57	27	47.37
A1214	54	43	79.63

在同本院学业不良学生及其老师、家长等进行全方位、多角度的沟通、探讨并收集整理了大量的原始资料、分析研究后得出了造成学生学业不良的原因并分别统计了人数，如表6-5所示。

表6-5 学业不良原因及其人数

学业不良原因	人数（人）
抱着"混毕业证"的学习目的	230
缺乏自觉性、独立性和毅力	320
对专业不感兴趣，没动力	260
受人际关系和学习氛围影响	160

在上表提到的四种原因的同学中分别随机抽取百名，其中五十名同学组为实验组、五十名同学组为对照组。在对师资力量搭配及学生学习气氛进行充分调研探讨，与学生家长、同学等联系并进行了有效的沟通后，制定了分别对四个实验

组的不同转化措施,如表6-6所示。

表6-6 不同实验组的转化措施

实验组	转化措施
抱着"混毕业证"等的学习目的	不断地强化学生在职业生涯教育,使学生充分认识到高校毕业证并非是万能的,拥有真才实学才是硬道理。同时,帮助学生做好职业生涯规划,鼓励学生朝着自身向往的梦想与目标不断努力,为自己美好的未来拼搏
缺乏自我调节约束力、独立性和毅力	①帮助学生制定切实可行的近期、远期目标 ②树立正确的学习观、世界观、价值观 ③为学生制订合理的学习计划和健身计划,培养毅力、劳逸结合 ④在同学老师家长的共同监督下完成
对专业不感兴趣,没动力	教师要为学生详尽地介绍本专业设置的科学依据和就业市场、专业优势和发展前沿趋势等,帮助学生明确学习目标,提高学生对专业课的兴趣度,提高学生的学习热情与学习积极性,从而找到正确的奋斗方向,并不断为之努力
受人际关系和学习氛围影响	教师平时就要强调同学互帮互助的重要性,提倡教师与学生之间、学生与学生之间的团结协作,对于同学间有虚心求教、互相答疑的情景要给予赞扬和鼓励,营造出一种不懂就问、不耻下问的良好学习氛围;此外,还可以安排专业老师或班级优等生帮助学业不良学生优化学习方法,赶上落下的课程,逐步改善学业状况

三、实施效果

按照上述转化策略实施了一个学期之后,邀请学院学生科与教务科的老师、团委相关老师、学业不良学生班级班主任与各任课教师、该班主要学生干部等共同组成评分小组,根据各位学业不良学生本学期在校期间的各项表现,为其按照上述的学业界定标准进行学业综合评价认定。通过对上述实验组的调查结果进行科学的对比和分析,根据两组学生的学业综合评价值的变化来判断学业不良实施策略的转化效果,如表6-7、表6-8所示。

表6-7 实验组学生学业平均状况评价对照

评价对象 \ 评价指标 \ 评价值	课业成绩	道德素养	社交能力	特长优势	实验后综合评价值	实验前综合评价值
组1	34	14	10	13	71	45
组2	30	18	18	12	78	55
组3	23	20	17	9	69	38
组4	28	17	13	8	66	47

表6-8 对照组学生学业平均状况评价对照

评价对象 \ 评价指标 \ 评价值	课业成绩	道德素养	社交能力	特长优势	实验后综合评价值	实验前综合评价值
组1	21	18	11	10	50	47
组2	17	15	9	7	49	56
组3	16	16	12	9	53	49
组4	15	13	10	11	49	48

由上述实验数据分析可知：

（1）实验组的同学学业评价值都获得了大幅度的提升，以前造成其学业不良的原因在逐步弱化，对照组的同学学业评价值并没有明显改观，有的（组2）甚至出现了明显的下滑，对照组的实验结果说明，学业不良是一个必须转化问题，如果不加以转化，学业不良问题还会加重；实验组的实验结果说明，所实施的学业不良转化计划符合实际，并且真实有效，能够有效完成学业不良学生的转化任务，具有借鉴意义。

（2）通过注意学生的学习指导、培养学生的意志品质、激发学生的学习动机、创设良好的学习氛围等方面的工作，能够从根本上完成学业不良学生的转化工作，通过"家长—学生—老师""家庭—学校—社会"建立的学业不良立体化教育转化体系效果明显，贴近实际，有助于实现当代地方高校大学生的全面发展。

第七章 学业不良学生立体化教育体系的构建与实践

——以九江学院会计学院为例

摘　要：三十多年前，中外的学者就开始对"学业不良"进行研究和实践。然而，"学业不良"依旧是各国教育中存在的难题，并且是教育者和非教育者关注的热点问题。本部分将从大学生全面发展的角度来定义"学业不良"，赋予其新的界定标准。随着中国高等教育的普及，各种各样的民办或是公办高等院校不断兴建，同时为了学校不断发展壮大，招收大量素质参差不齐的学生。虽然利于更多的学生接受高等教育，但同时也为部分学生孕育了堕落的温床，使得教育难以深度化，导致在思想道德素质、身心素质、学习成绩、课外实践、专业技能等综合评价下，出现了学业不良学生的现象。基于这一背景，本部分将全面阐述九江学院会计学院学业不良学生立体化教育体系的构建与实践。

在大众化高等教育的背景下，国家和社会要求大学生"德智体美劳"全面发展，高校应积极响应国家号召不断引导和加强大学生全面发展教育。目前，高校都存在着大学生学业不良的现象,而且这种现象并没有得到有效控制和改善,故此解决这一难题迫在眉睫。现在就以九江学院会计学院为例来调查研究地方高校大学生的学业不良学生的形成原因以及转化对策。大学生的全面发展是高等教育的重要要求,也是社会的要求,但会计学院大学生全面发展机制不够完善,仍然存在着缺陷。不利于会计学院教育工作的开展,不利于会计学院学生顺利毕业,更不符合国家和对人才的要求。对会计学院学业不良学生的成因分析与转化对策的构建,能够更好地分析会计学院在教学层面的不足,从而有进步和改善的空间。对会计学院学业不良学生成因与转化对策这项研究能给予其他高校一定程度上的思考和借鉴。

第一节 九江学院会计学院学生学习发展的背景

一、研究目的和研究方法、研究框架

(一) 研究目的

全国高校都存在学业不良学生,而这一类学生没有得到有效的改善,并在不断地恶化,同时阻碍学校和社会的发展。大学生是国家的未来,大学生全面发展对于未来社会的发展以及民族的进步有至关重要的作用。以会计学院为例的学业不良学生立体化教育体系的构建与实践,能够推进高等教育的发展,对未来教育的发展与进步具有重大的意义。

九江学院是九江市唯一一所具有本科和专科的综合性的高校,有极强的典型性和代表性,会计学院作为九江学院最大的学院,具有举足轻重的地位,本篇的研究有利于让各界人士重视学业不良学生问题,形成转化意识,促进转化

对策的实施，形成保障机制。另外，可以在一定程度上改善地方高校学生学业不良的现象，促进地方高校教育工作的顺利发展，培养高素质人才，提高教育质量。

（二）研究方法

本部分通过查阅和收集学业不良学生成因及转化体系的相关文献、期刊，对收集的内容进行分析和归类，为以会计学院为例的学业不良学生具体成因与转化对策提供科学的参考资料。同时将理论与会计学院实际情况相结合，在对学业不良学生的判定上采用模糊综合评价法、0~4评价法，对具体学生进行判定剖析。根据会计学院相关的具体数字分析会计学院学业不良学生的具体成因，在实践中对个案研究运用观察法、访问法、转化前后对比法。

（三）研究框架

本部分主要是采取理论与实践交叉结合的方式，先对会计学院的背景进行介绍，同构收集的相关数据分析会计学院的实际情况。进一步从大学生全面发展的角度对"学业不良学生"这一概念界定，提供界定方法，根据抽取的真实成绩选出学业不良学生，分析学业不良学生、结合会计学院实际情况从会计学院内部因素和外部因素出发分析就会计学院学业不良学生的形成，提出具体转化对策，通过转化前后个案的情况来判定转化对策是否可行。同时提出转化对策的不足之处以及有待完善之处，进而保障转化对策的持续发展。

二、会计学院师生资源情况

会计学院有着良好的师资力量，图7-1为教师资源分布情况。

目前，会计学院在校学生近5000人。本、专科开设了不同的专业（见表7-1）。学院历来坚持学历教育和职业资质教育相结合的特色教育模式，培养学生的创新意识。

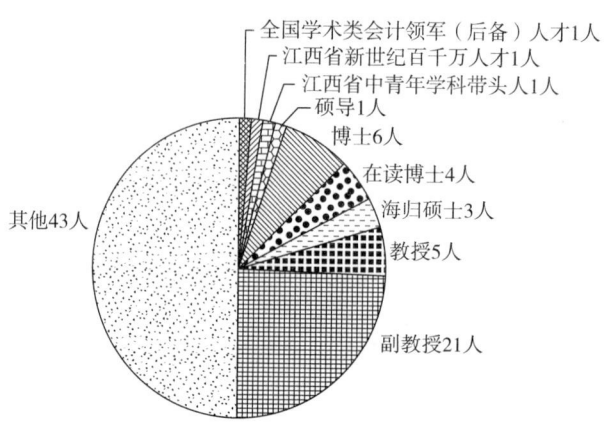

图 7-1　教师资源

表 7-1　会计学院专科本科专业

本、专科 \ 专业	专业
本科	会计学、财务管理、审计学
专科	会计（注册会计师）、会计电算化、财务管理（含中英班）、税务、资产评估

三、会计学院学习情况对比分析

下面是近几年会计学院学生成绩的汇总情况，这些课程包括"必修课""选修课""公共课"。从思想道德素质、身心素质、学习成绩、课外实践、专业技能等方面考量学业不良学生。通过数据①收集和数据对比来阐述会计学院不良学业学生问题的重要性和紧急性。

根据九江学院学籍管理规定：①凡是在校学生，本、专科生任何课程考试成绩不及格者（60分及格），需要参加会计学院组织的补考，如果在补考中还未通

---

① 会计学院相关数据来源于会计学院官网。

过的学生，学院将在毕业前统一清考。②凡是在校学生，专科生学分不及格（60分及格）六门及六门以上、本科生学分不及格学分18及18分以上就得留级或者跟班试读。非体育专业学生的体育公共课程不计算。只计算"必修课""选修课"，"公共课""公选课"不在此统计之列。③毕业班计算机最低没有取得"全国计算机一级证书"和"全国大学生英语四级"没有过会计学院370分分数线的学生，学校组织统一补考，没有通过补考不授予学士学位。

(一) 会计学院不同年级的学业警示课程门数及人数对比

从近几年的会计学院学业警示课程的情况来看，会计学院给予在一个学期考试挂科两门及两门以上的人警示。从表7-2中可以看出2015级24人、2016级37人、2017级26人。会计学院警示总人数处于上下波动的状态，不良学业学生人数并没有得到有效的控制。

表7-2 会计学院学业警示课程门数及人数

警示课程（门）	2015级（人）	2016级（人）	2017级（人）
2	0	1	4
3	10	19	16
4	9	9	2
5	4	7	2
6	1	1	2
总计	24	37	26

(二) 会计学院2015~2016学年本专科、2016~2017学年不及格人数汇总

如表7-3、表7-4所示。通过会计学院各年级的数据汇总可以看出，会计学院专科挂科率始终高于本科挂科率，而不及格人数却逐级增加，会计学院在不断加强考试机制，严格监督考试，但是忽略了学生本身的学习动机和学习意愿。

表7-3 2015~2017学年本、专科不及格人数汇总

	本科（人）	专科（人）	总计（人）
挂科人数	476	743	1219
考试总人数	2700	2163	4863
不及格率（%）	18	34	25

表7-4 2016~2017学年不及格人数汇总

	2015级（人）	2016级（人）	2017级（人）
挂科人数	123	439	395
考试总人数	948	1403	1140
挂科率（%）	13.0	31.3	34.6

（三）本专科不同学年留级人数对比

如表7-5所示，从2015~2017年会计学院留级人数汇总来看，本科留级人数徘徊在10~20人，专科人数徘徊在3~10人。起伏程度不大，从本、专科不同学年的留级情况对比的数据中，可以看出专科的留级人数始终是本科的2~3倍。但是根据会计学院的最终处理结果来看，只有个别人会留级。会计学院对毕业班的学生采取从轻处理，使不良学业学生常常抱有侥幸心理，不良学业学生依旧对学习不用心。

表7-5 2015~2017学年留级人数汇总

年份	专科（最终处理）	本科（最终处理）
2015	18（1人留级，17人跟班试读）	3（3人跟班试读）
2016	15（14人不留级，1人跟班试读）	5（2人留级，3人跟班试读）
2017	14（14人不留级）	7（4人跟班试读，3人不留级）

第二节 "学业不良学生"的概念和界定标准

首先介绍一下学业不良学生的相关概念,对"学业不良学生"进行概念剖析,能更准确地分析成因。

一、学业不良学生的概念、类型和特征

在学术上学者将"学业不良学生"定义为:"智力正常,由于生理、心理、行为、环境、教育等原因致使在正常教育情形下学习成绩低下,达不到教学目标要求水平。"① 本部分将对学业不良学生进行全新的定义。如表7-6所示。

表7-6 学业不良学生的类型和特征

类型	生理障碍型	动力不足型	有认知问题型	缺乏安全感型
特征	易产生偏激情绪,需要鼓励和肯定	对学习没有兴趣,易受外界干扰	注意力不集中,思维混乱	性格较孤僻、自卑、退缩、离不开父母

二、九江学院会计学院学业不良学生的界定标准

本部分将学业不良学生界定为:学生之间都是在正常的智力水平上,在制约因素影响下,使会计学院学生的专业技能、思想道德素质、身心素质、学习成绩、课外实践等综合成绩不合格,完成不了学校既定的目标和任务,导致警示、挂科、留级、甚至不能毕业等结果。九江学院会计学院要求学生必修课、选修

---

① "学业不良学生"定义来源于曾嫒、刘敏岚《学业不良大学生的心理特点、成因及对策研究》。

课、公共课都合格,引导学生全面发展。对于学业不良学生的界定是从全面发展的角度,着眼整个大局,走可持续发展的道路。而此类学业不良学生极大可能在学校、老师、同学的引导下成为优秀学生。

界定方法:模糊综合评价法,模糊综合评价法①不需要确定具体的数值,通过模糊的方式确定影响因素的指标权重,全面综合评价,把数学由定性转化为定量的研究。根据综合评价法:一级指标因素分别为 X_1,X_2,…,X_n,n 代表着影响九江学院会计学院不良学业学生判定标准一级指标的个数,A_1,A_2,…,A_n 代表一级指标的成绩;二级指标因素分别为 Y_1,Y_2,…,Y_n,n 代表影响九江学院会计学院不良学业学生判定标准二级指标的个数,B_1,B_2,…,B_n 代表二级指标的成绩。

模糊综合评价法步骤:

(一)先确定影响九江学院会计学院学业不良学生的因素

指标因素分别为 X_1,X_2,X_3,X_4,X_5 分别代表思想道德素质、身心素质、学习成绩、课外实践、专业技能五个指标。

(二)根据这些因素的重要程度划分所占总体的比重

对于不良学业学生影响因素重要程度的判定采用 0~4 评价法。根据 0~4 评价法判断标准:非常重要的得 4 分,另一方得 0 分;比较重要的一方得 3 分,另一方得 1 分;两者同等重要,各得 2 分;自身对比不得分。

目的:五个指标相比,确定指标重要程度。

方法:访问法。

专业小组:学生科办公室、辅导员、学生共计 10 人。

访问结果:指标中,X_3(学习成绩)比 X_4(课外实践)重要得多,X_1(思想道德素质)比 X_2(身心素质)重要,X_2(身心素质)和 X_4(课外实践)同

---

① 来自百度百科"模糊综合评价法"。

等重要，X_4（课外实践）和 X_5（专业技能）同等重要。

计算方法：0~4 评价法。

表 7-7 指标权重判定

	X_1	X_2	X_3	X_4	X_5	得分	权重
X_1	×	3	0	3	3	9	0.225
X_2	1	×	0	2	2	5	0.125
X_3	4	4	×	4	4	16	0.400
X_4	1	2	0	×	2	5	0.125
X_5	1	2	0	2	×	5	0.125
合计	7	11	0	11	11	40	1.000

表 7-8 学业不良学生判定标准

指标	权重		评价				
			优秀	良好	良	合格	不合格
学习成绩	0.400						
思想道德素质	0.225						
身心素质	0.125						
专业技能	0.125	一级或二级计算机证					
		英语四级或达到会计学院分数线					
		相关从业证书（如：会计从业资格证、初级会计师）					
课外实践	0.125						

实践：选择 2015~2016 学年第二学期的平均成绩作为学习成绩；思想道德素质、身心素质由会计学院学生科、班级辅导员、班干部、教师、舍友按照平常表现打分，满分 100 分；课外实践由操行分和技能分的平均分得出；专业技能按照取得的相关证书来计算，每个证书 20 分，满分 100 分。

表 7-9　5 名学生成绩汇总

序号	姓名	学习平均成绩（分）	思想道德素质（分）	课外实践（分）	身心素质（分）	专业技能（分）
1	小甲	70.71	65	89	85	60
2	小乙	81.43	85	83	85	80
3	小丙	88.57	86	83	90	100
4	小丁	81.86	89	83	85	80
5	小戊	82.71	90	83	80	80

计算：

小甲成绩：70.71×0.40+65×0.225+89×0.125+85×0.125+60×0.125=72.16（分）

小乙成绩：81.43×0.40+85×0.225+83×0.125+85×0.125+80×0.125=82.70（分）

小丙成绩：88.57×0.40+86×0.225+83×0.125+90×0.125+100×0.125=88.90（分）

小丁成绩：81.86×0.40+89×0.225+83×0.125+85×0.125+80×0.125=83.14（分）

小戊成绩：82.71×0.40+90×0.225+83×0.125+80×0.125+80×0.125=84.33（分）

（三）根据加权平均成绩划分出学业不良学生区域

按照模糊综合判定法判定学生的最终综合成绩在 95~100 分为优秀、90~95 分为良好、85~90 分为良、80~85 分为及格、80 分以下为不合格。

结论：通过对抽取的 5 名同学进行学业不良的综合判断，得出小甲为学业不良学生，小甲的学业不良主要体现在学习成绩的指标上，将在后文的转化对策研究和案例中以小甲为主要研究对象，通过分析对比转化前后小甲的学习成绩的变化，来判断转化对策是否有效果，是否能在会计学院进一步推广。

第三节 九江学院会计学院学业不良学生成因

通过对会计学院部分学业不良学生的调查，查阅和收集相关文献资料，得出结论：会计学院学生不良学业成因主要受到内部因素、外部因素、其他因素等因素的影响。

一、内部因素

(一) 生理方面的问题——影响学习成绩、身体素质

1. 饮食时间安排不合理

众所周知，学生的学习情况与生活息息相关、相辅相成，也有利于加强身体素质。首先，有效的生活方式为学习提供便利，提高学习效率，达到事半功倍的效果。有研究表明，血糖是大脑能够直接利用的唯一能量，不吃早餐，易产生饥饿感导致反应迟钝，影响学习效果，而合理安排饮食是有助于提高学生的记忆的。其次，不吃早餐容易得胃病，对身体造成严重伤害。但是根据会计学院的学生的实际情况来看，会计学院上午的上课时间是8点，部分学生因为宿舍较远，时间不足，忽视了早餐；部分学生生物钟不好，起得晚也忽视了早餐；更有一部分女生为了减肥戒掉早餐。

2. 过度睡眠

首先，过度睡眠严重影响健康。据调查显示，人每天的睡眠时间应该在7~8小时最为健康。根据会计学院的课程安排，部分学生是没有第一、二节课的，这就导致学生养成了嗜睡的坏习惯。嗜睡会降低人体的免疫力和抵抗力，容易头

晕,出现没有精神的现象。其次,过度睡眠影响人的智力。过度睡眠醒来时会觉得懒散无力,甚至智力也会下降。过度睡眠会从身体层面击垮人的学习意志。

3. 运动不足

生命是革命的本钱,适当的体育锻炼有助于大学生提高学习成绩。在《英国运动医学》杂志网站上刊登的一则报道表明:"有规律的体育锻炼有助于学习成绩的提高。"大部分学生在高中的时候对体育方面的要求不高,更注重学习,忽视了运动的重要性。但是进入了大学,体育课程也会计入到学校毕业目标中,就要求我们全面发展。

(二)心理方面的问题——影响学习成绩、心理素质

1. 自我观念消极

意识对物质具有能动作用,消极的自我观念则会把学习活动引向歧途,阻碍学习的发展。根据心理学研究表明,大学生的学习成绩并不是与智力成绝对的正比关系。会计学院学生并不存在智力上的缺陷,在很大程度上,是由于他们缺乏自信,学习态度消极,没有正确的方向引导。所以,自我观念是非常重要的环节。

2. 过度焦虑

1989年对我国12.6万名大学生的抽样显示,心理患疾病率达到20.23%。[①]过度焦虑就是其中一个比较重要的影响大学生的身心健康的心理疾病。在学习上过度焦虑主要表现为:

(1)学习处于恐慌的状态,对于他们来说上课是一种煎熬,无心学习、注意力难以集中,更不敢表达自己的想法。

(2)心理承受能力差。这类学生心理承受能力弱且缺乏对事物的判断能力,

---

① 数据来源于中国新闻网,2014年5月20日。

第七章 学业不良学生立体化教育体系的构建与实践

往往对自己学习的失败耿耿于怀,过分伤心和自责。

(3) 没有正确定位,树立错误的考试观念。这类学生找不到自己的位置所在,有很远大的目标,但是设定的目标与自身实际并不符合,即使自己付出了很多,也难以达到目标。很容易产生挫败感,也使自己越来越失落从而失去学习的斗志。

(4) 学习竞争力大、期望值高。现在社会竞争日渐激烈,各大院校都设置会计学院的相关课程,但是,市场上财务人员的需求处于饱和状态,会计人员严重过剩。这样令学生精神更紧绷,很难放松,更容易产生过度焦虑的心情。

(三) 错误的学习方法——影响学习成绩

错误的学习方法主要表现为:

(1) 没有学习目标和计划,得过且过。莎士比亚曾经说过:"学习要有计划,没有等于白学。"凡事预则立,否则难以成功。

(2) 不能科学地利用时间。分析出自己记忆时间点,科学合理的利用,有利于记忆体系的形成,思路更加清晰。

(3) 学习死记硬背。学习死记硬背,只是重复地背诵形成的短暂记忆,并没有一定的学习体系,这种学习方法只适合暂时的学习考试并不适合长期的学习活动。

(四) 行为方面的问题——影响思想道德素质、专业技能

自我行为约束能力差是指没有良好的自制力和约束力。大学生的自我约束能力普遍较差,不能适当地控制自己的行为。就以会计学院的学生为例,很多男生都喜欢玩游戏,更有严重者沉迷于其中,无法自拔。这就是典型的自我行为约束能力差。戈德拉特博士提出过约束理论,虽然其主要讲述的是企业的约束理论,但是我觉得也适合于个人的学习活动。可以把学生的学习活动作为一个整体,一切阻止学生到达学习目标的因素都是约束。所以,我们要努力完成学习目标,克制约束因数。

二、外部因素

(一) 环境方面的问题——影响学习成绩、思想道德素质

环境方面包括学校环境和社会环境。学校环境主要是受到客观环境和同学的影响,处于一个混乱的环境中会影响学习效果,易受外界环境干扰。社会环境主要是社会上的不良风气,凭借着人情、关系户等,更多的同学认为不需要努力学习也能找到好的工作。

(二) 教育方面的问题——影响学习成绩、专业技能

1. 师生关系不良

学习活动需要学生和教师相辅相成,相互影响,学生是对象,教师是主体,教学方法是桥梁,三者缺一不可。会计学院学生的课程纷繁复杂,包括专业课、公共课、选修课等,这些教师来自不同的学院,按时上下课,彼此不熟悉,拉大了学生和教师之间的距离,这样的师生关系严重阻碍了学习。

2. 教学方法不当

教学方法就像连接学生和教师之间的桥梁。教学方法包括两种:教授法和学习方法,即教师教学的方法和学生学习的方法。我国采用应试教育,运用教授法,教师成为主导力量。教师的教学方法不适合学生,会造成学生上课不配合,不愿意听课,加剧学业不良学生的产生。会计学院教师都受到良好的教育,知识渊博,但部分教师的课程的到课率还是低。主要是授课课程是比较枯燥,教学方法没有得到学生的认可,不能充分调动学生积极性。

三、其他因素

学习也会受到家庭原因的影响,在大学里学生办理助学贷款,自己赚学费也是常事。著名的大作曲家贝多芬也是因为家境贫寒没能上大学,而且不断地有灾

难发生在他身上,但是最后他凭借着自己的意志力和天赋铸就了辉煌。在2013年也有新闻报道:23岁的辽宁中医药大学学生王冬雪家庭条件不好,自力更生,赚取学费和生活费。会计学院同样存在着为赚取学费和生活费而花费大量学习时间的学生,导致学习力不从心。这也是会计学院学业不良学生的形成的重要原因。

第四节 九江学院会计学院学业不良学生的转化对策与实践

根据模糊综合评价法的判定学业不良学生的指标中学习成绩所占权重为37.5%,比重最大,在对于小甲学业不良的判定中主要也是学习成绩不济。所以,本部分主要从学习成绩方面构建立体转化体系。

一、学业不良学生转化对策框架的搭建

(一)学业不良学生转化体系的参与者

对学业不良学生转化对策的构建把参与者锁定在管理层、治理层、学业不良学生。管理者主要是制定、出台学业不良学生主导政策方针,管理者包括九江学院办公室、会计学院学生科、班级辅导员;治理层主要是监督转化对策的实施,治理者包括父母、同学、教师。如图7-2所示。

(二)转化对象

会计学院某个班级学业不良学生。

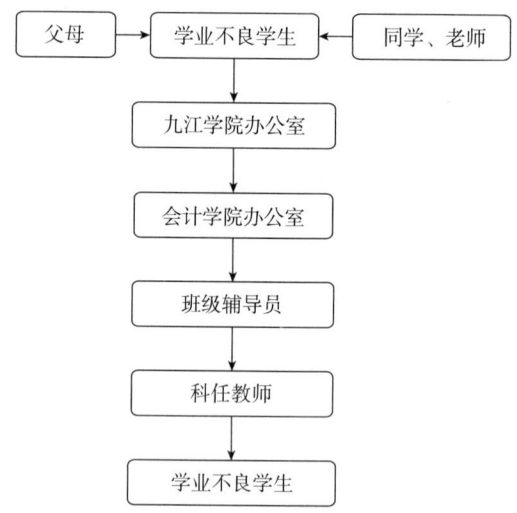

图7-2 横向与纵向参与者

(三) 预计转化效果

使学业不良学生通过模糊综合评价法判断到达合格（80分）的成绩。

(四) 转化体系的构建

从立体化的角度出发，横向、纵向全面地构建转化对策的框架，逐步把各项转化对策具体到各级参与者，从横向和纵向来影响学业不良学生，到达转化成功的效果。

二、从管理层角度构建学业不良学生转化体系

(一) 帮助学业不良学生明确学习动机

学生是学习活动的主力军，发挥着至关重要的作用。然而很多大学生是不知道自己为什么要学习的，盲目听从父母或者老师的话，没有目标的学习，忽视学习动机，成为学习的傀儡。因此，帮助不良学生确定明确的学习动机可以从以下三个方面出发：

1. 帮助学业不良学生树立信心

从以下三个方面帮助学业不良学生树立信心：

（1）管理层应该遵守所有学生一律平等的原则，充分尊重每位同学的学习权、求职权。

（2）充分利用学院的公共设施，例如横幅、显示屏、广播等传播积极向上的学习态度，给学生信心。

（3）学院开设心理课堂，针对学业不良学生进行辅导。

2. 让学业不良学生了解学习的重要性

人不学习不知道礼义廉耻。我们在模仿和学习中不断成长，学习能证明自己的实力，也有利于进入社会。学习知识让我们领会到更多的中华传统美德，学会做人的基本准则、提高素质，不断积累沉淀、塑造优秀品格。可利用学校的媒体设备，定期播放弘扬优秀传统文化的电影或者宣传片；定期开展学院学习日；举办为贫困山区捐书等有意义的活动，让学生更加珍惜学习的机会。

3. 让学业不良学生充分发挥才能

俗话说："五个手指有长短。"不是每个学生都能在纸张上取得好成绩。应该正确看待学习成绩。每个人都有自己的兴趣爱好，进入大学后这些兴趣爱好更加凸显。怎样让学业不良学生充分发挥才能？

（1）增加选修课的课程，采取集体投票的形式，选出学生喜欢的选修课。

（2）定期开展才艺比赛。例如：会计学院最佳歌手大赛、会计学院美术大赛、九江学院"篮球班级对抗赛"等。管理层应该提供广阔的平台，可以为班级和学院争取荣誉。

（二）缓解消极情绪，增强学生意志力

1. 在班级开展心理辅导课程

以班级为单位，在班上选择心理辅导员，让辅导员定期与同学交流，在生活上或学习上开导和引导他们,让他们拥有健康的心灵。而这种活动也可以运用在帮助学业不良学生的辅导上,树立正确的三观。

2. 开展活动锻炼学生意志

开展锻炼学生意志活动有利于增强学生对学习的耐心、克服学习困难,培养坚强品格,对学习有间接的影响。

(1) 以学院或者班级为单位开展"晨跑"的活动,每天早晨组织学生晨跑,克服学生难早起的困难,学会不轻易放弃,且有利于身心发展。

(2) 可以通过开展其他活动,如定期班级拔河比赛、篮球比赛等,让他们了解集体合作、勇于挑战自我的精神。

(3) 组织班级听名师名人的成长奋斗讲座,让他们了解任何的光辉背后都要付出辛勤的汗水。

(三) 完善教学方法、建立严格的奖惩制度

会计学院应建立严格的奖惩制度。

(1) 对于学业不良学生为学院、班级取得的荣誉,学院和班级都应该给予奖励,颁发奖状或者加上技能分、操行分。

(2) 制定严格的上课考核制度,迟到、旷课都要记录,到达次数严格执行。部分教师为人和善,对于经常迟到、旷课的同学仅给予警告的处分,并没有实质性的措施。

(3) 会计学院领导要经常对班级进行抽查,记录人数。

(4) 教师严格按照学校的学籍管理制度和教育制度,补考、清考、留级等应严格执行。

(四) 加强学习教育机制,构建良好的学习环境

人创造环境,环境塑造人,学习环境包括校园环境和社会环境。我们可以从以下几个方面进行构建:

(1) 营造干净整洁的学习环境。会计学院应该坚持早餐不入课堂、学生会加强卫生检查。相反教室有很多垃圾和灰尘,不整洁,不利于集中精力。

(2) 学校加强学习机制。校方要制定相应的学习规章,并严格执行。积极开展各种学习活动,例如学习讲座。让学生投身到学习中去。

(3) 合理安排各个学院的课程,使课程不冲突,有序地进行。

(4) 同时要让学生劳逸结合,各二级学院可以开展有益于身心健康的课外活动,并引导学生积极参加,培养学生的兴趣、陶冶情操,这都有助于学生的学习。

三、从治理层角度构建学业不良学生转化体系

（一）改变教学方法、吸引学生兴趣

会计学院教师都是非常有教学经验的,并形成了自己的教学方法。但是由于教学方法得不到学业不良学生的认可,导致上课没有兴趣。首先,教师尊重学生学习平等权。其次,主动与学业不良学生多交流沟通,调查了解学生喜欢的上课方式,适当地根据学生的学习情况来不断调整自己的教学方法。同时,可以利用多媒体设施授课,这样学生更容易接受知识。最后,合理地安排学生的课余时间。

（二）学业不良学生与老师、同学建立良好的关系

首先,要做到尊重学业不良学生。很多老师认为学业不良学生成绩不好,故意远离他们。但是学业不良学生渴望得到尊重和关心,应该坚持"以人为本"的原则。

其次,学业不良学生也应该积极配合老师,与老师进行坦诚的交流,增加亲密感。老师应该定期与不良学业学生交流沟通,做好他们的思想工作,减少老师与学生的距离感。

最后，不良学业学生是一个特殊的群体，也许他们的心理比较脆弱，也许他们非常内向，也许他们异常固执，但是这样的一个群体更得引起注意。辅导员是陪伴大学生大学生涯中最长的、非常重要的角色。辅导员要主动关心学业不良学生的学习和生活。

学业不良学生很容易受到同学们的忽视，这样他们的关系就难以维持。不良学业学生主动与同学交流，努力与大家融合，学习成绩优秀的同学也要主动帮助他们学习。

（三）父母提供良好的家庭环境

家庭环境对学生的学习成绩、身心素质等方面都有影响，父母应该为学业不良学生构建良好的学习氛围，主动与孩子谈心，分析孩子学习成绩不好的原因，而不是一味地苛责。

四、从自身角度构建学业不良学生转化体系

（一）给予积极心理暗示，缓解消极情绪

常常对自己说"我能行""我能成功"等这类暗示性的语言，能对心理产生激励作用。消极情绪给人消极的影响，不仅对自身造成不良影响，也会对身边的朋友造成伤害，要学会缓解消极的情绪，一点点地放下，才能一点点地拾起。当你开始产生消极情绪时不妨先做到以下几点：①先改变自己的心态。②尝试新鲜事物，用这些事情来刺激情绪，转换好的心情。③学会找人倾诉、放松自己。

（二）多与优秀的人交往

不良学业学生多与优秀的人交往，每天与优秀的人交流会使你的视野变得开阔、思维变得敏捷，在学习上给一些引导和建议。

（三）积极配合老师上课

上课的效率好坏直接影响学习成果。教师采用幽默生动的方式与课本相结合，让学生更容易理解，也更容易接受。学生要不断思考，积极配合老师以免思绪不集中导致精神不集中、发呆等情况的发生。

五、九江学院会计学院学业不良学生转化实践——个案

根据模糊综合评价法判定的学业不良学生，选择不良学业学生中的一员进行跟踪观察并分析实践效果，对会计学院某一班上的学生小甲①进行实践研究。

（1）研究对象：学业不良学生小甲。

（2）研究时间：2013年3月~2015年12月。

（3）研究方法：观察法、访问法、对比法。

（4）判定小甲为学业不良学生：综合成绩低于80分，不合格。

（5）小甲学业不良状况：该学生比较聪明，但沉迷游戏，学习意志不坚定，有旷课、挂科等现象，专业技能达标。性格开朗，身体素质良好，思想道德素质良好，课外实践少。

（6）转化前小甲情况：通过观察和调查发现，小甲沉迷于游戏，每天晚上组织室友或者班级同学打游戏，晚上12点后才休息，早晨无法起床，一个星期有2~3次不早起上课；上课的座位经常处于倒数两排，经常精神不集中，不参与问题的思考；课后不能及时完成老师布置的作业，学期结束挂科2~3门，一个星期最多去一次图书馆，专业技能不达标。平常爱好打篮球，一个星期打篮球3~4次，热爱体育项目。平时在班级中活泼开朗，帮助同学，但参与社会实践少。

（7）转化因素：管理层政策的推进以及和同学、父母、老师的帮助，使其

---

① 选中作为研究案例的学业不良学生的名字为化名，个案为真实存在。

意识到学习的重要性、就业压力。

（8）转化后小甲的情况，如表7-10所示。

表7-10 转化后小甲成绩

姓名	学习平均成绩	思想道德素质	课外实践	身心素质	专业技能
小甲	80.43	85.00	89.00	85.00	80.00

计算：

小甲综合成绩：$80.43 \times 0.40 + 85 \times 0.225 + 89 \times 0.125 + 85 \times 0.125 + 80 \times 0.125 = 83.05$（分）

游戏的次数减少，由每天减少至一个星期2~3次；早上不上课的情况，一个星期至多一次；上课的座位换为第三、四排，精神逐渐集中，上课积极思考，在沙盘模拟课程中主动参与合作，并在模拟中取得第四的成绩；学期结束挂科率为0；去图书馆有原来的一个星期1次变成一个星期5次左右；主动学习，并考到了会计从业资格证、初级会计师证、全国计算机二级证书等。

（9）部分同学对小甲转化前后的评价：自从转变后，经常约同学去图书馆学习，在图书馆能待上一天的时间；对很多课后作业都有自己的意见，能够及时完成；玩游戏的次数减少。

（10）结论：从分析学业不良学生的成因到转化对策的研究，从小甲的个案中，小甲的综合成绩由72.16分提升到83.05分，可以证实学业不良学生是可以通过内在或者外在的影响转化为合格学生，证明这种转化对策有效果，有望在会计学院进一步推广。

（11）不足：学业不良学生的现象不是个例，在这篇文章中只是指出了交集的部分，还有很多细枝末节没有列举，而且这类转化并没有大范围推广，在很多方面仍有不足。对于会计学院学业不良学生的成因及转化对策研究是一个长远的过程，希望在今后可以补充内容、不断完善，研究出一套完整的体系，推广至更多的高校，让更多的个案可以转化，进一步扩大大学生全面发展的范围，使全面发展的步伐稳步前进，引导学业不良学生转化对策的持续发展。

第五节 九江学院会计学院如何引导学业不良学生转化对策

一、会计学院要贯彻落实九江学院的总体方针

一个体制、政策的实行要有坚强的后盾作为保障，九江学院要为会计学院提供保障，会计学院就要贯彻落实九江学院的总体方针，引导着整个学业不良学生转化体系的走向和趋势。体系的构建并不是一朝一夕就能成功的，要坚持贯彻执行，注重每一级、每一个环节的传达。

总体方针：以人为本，充分尊重每个学生的求知权和发展权，整改学习不良风气，努力为学生提供舒适优雅的学习环境，充分提供优秀的师资力量和学习设备，通过开展一系列的学习活动，为学业不良学生转化体系的构建而努力。制定的方针要严格执行并落实，做到"有法必依，执法必严"。

二、会计学院管理层及治理层的监督指导

充分发挥会计学院管理层和治理层的监督指导，让全员共同配合学业不良学生转化体系的构建。会计学院的管理层和治理层必须严格按照会计学院准则和制度要求学业不良学生的学习和生活。对学业不良学生起到监督指导的作用。对学业不良学生的会议要形成会议文件，一层一层地布置到班级、个人。

三、会计学院学业不良学生同学及父母的监督指导

同学和父母最能监督不良学生学习情况,也能给予不良学业学生最大的帮助。当你遇到学习瓶颈时,父母能够站在第三方角度,给予建议;当你遇到生活困难时,同学和父母也会尽自己最大的努力帮你渡过难关;当你心情低落时,同学和父母也能帮你分析局势,恢复信心。

第八章　新形势下会计专业就业问题现状探讨

摘　要：在当今新形势下世界经济、科技及文化快速发展，我国的就业环境已经发生翻天覆地的变化。在新的经济形势下我国会计从业人员面临诸多的机遇与挑战，企业对高素质会计人才有着强烈的需求，然而现如今会计毕业生就业状况还存在诸多问题。同时，会计的发展及政策的变更对会计从业人员的就业造成冲击，2017年我国取消了历时已久的会计从业资格证，从业门槛降低，竞争加剧。会计机器人的出现势必取代基层会计人员的工作，传统"账房先生"对企业已经失去吸引力。

　　本部分首先对其毕业生的就业现状进行详细的分析，具体包括就业环境和供需现状等；然后就其存在的就业问题及原因进行探讨，包括高校培养模式存在的问题及学生就业择业存在的问题等；再以此为基础，针对性地提出培养方针及完善会计人才供需平衡的建议，同时为提高会计专业毕业生的就业质量及就业满意度提出合理方案。由此可见，会计专业依然是就业的热门专业，但与此同时也面临着新的挑战，可以说当今会计专业，机遇与挑战共存。

第一节 研究背景及研究意义

一、研究背景

我国是人口大国，人口就业压力巨大，随着高校的不断扩招，自2013年史上最难就业季至2017年会计专业毕业生逐年增加，初级会计人才市场趋于饱和；与此同时，会计机器人的发明及会计从业资格证的取消必将对我国会计行业从业者造成冲击，尤其对初级会计师造成巨大冲击。国内外许多会计专业学者都对会计专业的人才培养及会计专业毕业生的就业形势进行了多方面的分析，也提出了许多合理化建议。

国外研究者从各个方面对会计行业现状及会计专业高校毕业生就业情况，进行了较为深入的研究，并且对高校会计教育及体系进行了系列的分析。Jackling 和 Beverley（2015）论述了国际会计毕业生就业情况及就如何进行实习以获得会计通用技能提高就业能力问题给出了合理的意见和建议。对我国会计专业毕业生如何适应当今就业状况具有借鉴意义。Rafael Paguio（2016）论述了会计专业毕业生应该具有的各方面能力，包括团队精神和集体意识等，以及企业真正需要何种会计人员，为会计专业毕业生合理掌握技能有指导意义。Bryan 和 Hancock Phli（2014）就如何对会计专业教育标准及成绩评价进行了调查分析，探讨如何保证会计专业毕业生的质量和企业认可度。同时提出了合理的会计教学方案、学习形式及评价体系。国内研究者刘颖（2014）对会计专业女大学生就业状况进行了分析，并给出了合理建议。近几年的就业市场上很多企业提出只招男会计，这对会计专业的女生就业造成了一定的冲击，同时高校缺少系统化、专业化、个性化的就业指导，也对会计专业毕业生就业造成了困扰。对优化大学生就业提出了一些具体的建议。王雪岩（2016）在对国内会计就业趋势分析的基础上，对会计专业的社会需求和就业方向进行了分析，对会计人才自身素质如何发展及会计专业能力的提升进行了分析，就如何满足企业对会计人才的需求提出了建议。

通过对以上文献资料的分析和整理，这些学者对会计专业毕业生的就业形势进行了研究，他们不仅系统客观地分析了会计专业大学毕业生的学习状况和就业形势，同时也发现了会计专业毕业生在就业中面临不足之处，并针对这些问题提出了许多可行性建议，但这些研究仍然存在着一定的不足之处，受经济形势的影响，会计专业也面临着新的机遇和挑战，因此对会计专业学生的就业形势分析也随经济发展而不同，当初的一些问题及建议现在可能变得不可行，如会计机器人的发明就势必对当今基层会计从业者就业造成冲击。电脑有着人工操作所不具有的效率，简单的会计记账、做账完全可以由机器人完成从而降低企业成本，因此对当今形势下的会计专业就业现状进行更加深入的分析和研究尤为重要，通过研究以期得到更加切实可行的会计人才培养模式，提高广大毕业生的就业能力和就业质量，提出更加贴近当今就业形势的就业建议和合理对策。

二、研究意义

随着当今社会的不断发展变化，在新的经济形式下我国会计从业人员面临诸多的机遇与挑战，企业对高素质会计人才有着强烈的需求。然而现如今会计毕业生就业状况还存在诸多问题。会计从业人员较多，对就业有较大影响，本部分对其毕业生的就业现状进行分析，研究新时代下会计就业存在的机遇与不足之处，以期完善会计人才的培养促进就业，针对性地提出完善会计人才供需平衡的建议，探索更加合理的会计人才培养机制，同时探索更加合理的校企供需结构，对提高会计专业毕业生的就业质量及就业满意度提出可行性建议。

第二节 会计行业从业现状基本概述

一、目前我国会计专业人才就业趋向

一方面，我国的科学技术的快速发展，信息化技术不断深入运用到财务工作中，国外的会计行业大环境也发生着与时俱进的变化，诸如我国会计从业资格证的取消，会计机器人的发明及运用，企业对高素质的会计人才有着强烈的需求；另一方面，会计专业长期处于"热门"专业，如九江学院会计专业就尤为火爆，学校单独成立了一个会计学院，招生人数十分庞大，最多时超过6000人，可见会计专业之热门程度。根据了解许多学生选择会计专业的初衷并不是擅长会计热爱会计工作，而是认为该专业好找工作。这导致了会计专业的人数不断上涨，导致其会计人员素质参差不齐的现状。有限的工作岗位不可能让每一个毕业生都找到专业对口的工作。表8-1是近三年会计专业毕业生数据对比。

表8-1 近三年会计专业毕业生数据　　　　　　　单位：人

毕业生＼年份	2015	2016	2017
博士	236	251	252
硕士	6531	8857	9587
普通本科	134451	147470	138188
成人本科	92908	104066	110125
普通专科	118144	286896	289764
成人专科	85370	158630	161553
中专	135872	190763	212597
合计	573512	896933	922066

资料来源：川哥讲会计，http://baijiahao.baidu.com/s?id=1552808264981408&wfr=spider&for=pc.

从表8-1中的数据可以看出,招生规模的急剧攀升造成会计人才就业难的现象,其中扩张招生最为明显的是普通专科、成人专科、中专。企业的用人岗位需求在一定时间内是相对稳定的,而不断攀升的招生规模势必加大了会计人才的供给,在需求相对稳定的情况下,供给的增加便会加大就业竞争力,一定程度上不利于会计人才就业,且毕业生层次相对较低易出现同质化趋向。

二、就业的前景及所处行业特点

会计是一种商业语言,在经济和贸易交往中有着不可替代的作用,因而在我国具有较好的就业前景。为了适应我国外向型经济发展趋势,要求学校和国家培养一批既懂得中国会计又具备国际会计惯例知识的复合型人才。为各大企事业单位及政府培养一批具有良好职业道德素质和思想水平,拥有扎实的基础和较强的业务能力、创造能力的新时代高水平财务管理人才。目前我国的会计专业就业前景可以概括如下:

(一)外企情况:待遇较好,所学的知识很专业

大部分的外资企业薪酬普遍高于内资企业,尤为重要的是,外资企业财务管理的体系和方法都相对比较成熟,一般对新入职的财会人员进行实践培训后才能上岗,上岗后先从基础做起;内部财务人员的分工细致,因而工作效率相对较高。当然,因分工细致使会计人员只能学到某一负责岗位的知识技能,虽然这个技能非常专业,但并不利于整个职业发展,因为无法获得全面的财务管理和会计知识。后续的培训机会,是外资企业吸引员工的一个原因,因为财务管理是一个经验和知识越多越值钱的职业。

(二)内资企业:需求量较大但发展待遇较差

内资企业对会计的需求量是最大的,是我国会计专业毕业生主要就业方向。大量中小企业尤其是民营企业,他们只需要"账房先生",对财务管理和分析能

力没有较高的要求，因此该类企业的财务监督和内部控制相对混乱。创业的初期由于涉及财务信息，一般会计工作由自己的亲信担任，企业做大后才会招聘外部财务人员。因此发展空间及待遇普遍相对较差，入职门槛相对较低。绝大部分新员工工资在 1500～2000 元。

（三）事务所：大小事务所有较大的差别

在事务所工作累是一个共同的特点，区别是小的事务所事情多且杂而待遇却较低。外资事务所待遇较好，但他们工作任务更重，经常加班，但是在事务所最能锻炼人，能学到许多在企业学不到的能力，对于一个审计项目必须从头负责到尾，能充分锻炼一个人的沟通能力、团队合作能力及财务管理和审计相关专业的技能。表 8-2 为会计从业人员就业相关数据。

表 8-2 会计从业人员年龄分布

指标＼年龄	25 岁以下	26～30 岁	31～35 岁	36～40 岁	41 岁以上
人数（人）	1129	2216	1601	707	372
比例（%）	18.74	36.78	26.57	11.73	6.17

资料来源：会计网校，http://www.chinaacc.com/zhuanti/qt/ni1604061926.shtml.

根据调查数据我们可以看出 35 岁以下从业人员占绝大多数，这在一定程度上反映了当今的就业趋势，越来越多的年轻人选择从事财务会计工作，我国会计人员的数量不低于 1500 万人，接近全国就业人数的 1.94%，就业好、待遇较高是许多人选择会计行业的一个重要原因，如表 8-3 所示。

从表 8-3 可以看出大部分的从业者工作年限偏高，80% 以上的从业者工作年限在 3 年以上，这在一定程度上说明了会计工作的稳定性，以及对经验的要求，侧面说明会计越老越吃香并不是没有道理的，这告诉我们要想更好地从事会计工作获得较好的薪资待遇，应该重视工作经验的积累，树立终身学习的目标，及时更新会计知识。

表8-3 会计从业人员从业年限分布

指标＼年限	2年以下	3~5年	6~8年	9~10年	11年以上
人数（人）	1179	1488	1216	956	1186
比例（%）	19.57	24.70	20.18	15.87	19.68

资料来源：会计网校，http://www.chinaacc.com/zhuanti/qt/ni1604061926.shtml.

会计作为热门职业受如此多人的追捧，那么让我们再来看看会计人员的薪资水平如何，表8-4是根据网校调查得出的数据。

表8-4 会计行业人员薪资水平分布情况

指标＼年薪（元）	3万以下	3万~6万	6万~10万	10万~15万	15万~20万	20万~30万	30万~50万
人数（人）	584	1739	2253	671	489	198	55
比例（%）	9.69	28.86	37.39	11.14	8.12	3.29	0.91

资料来源：会计网校，http://www.chinaacc.com/zhuanti/qt/ni1604061926.shtml.

根据表8-4可以清晰地看到年薪低于6万元的接近从业人员的40%，说明虽然会计从业人员较多，但大部分薪资水平较低，说明会计从业门槛较低，要想获得较高的薪资水平并不容易。同时我们看到也有薪资达到30万~50万元的，说明会计行业薪资水平有较大的提升空间，仍然有一部分人收入可观。最为明显的是6万~10万元所占比重超过37%，占很大部分，从侧面证明了会计行业薪资较其他行业更有优势。要想得到更高的薪酬回报还需过硬的专业知识和技能，作为一个会计从业人员应保持时刻学习与时俱进的心态，顽固保守只会被新时代淘汰。会计行业注重经验的积累，要想取得较高的薪酬待遇，以及良好的办公环境和职业发展，需要我们耐得住寂寞沉下心来学习，多多考取相关资格证书。因此，我们应该对未来保持信心，会计行业有很强的增长空间和潜能，在拥有信心的同时应该增强自身专业素养，不断学习，成长为具有综合素质的高级会计人才。

第三节 当前会计人才培养及就业存在的问题

一、我国高校会计人才培养存在的问题

近年来，我国会计教育的发展形势越来越好，各大高校纷纷开始开展会计专业教育。然而在招生规模逐步扩大的同时，也不可避免地存在问题，笔者通过一系列的调查分析发现会计教育教学存在重视理论教学，而忽视实践和一体化教学，师资力量不合理，缺乏实习基地等问题。

（一）会计理论教学和实践教学不尽合理

高校在会计教育中普遍存在重理论而轻实践的问题。一些学校只注重会计基本原理、基本理论和方法的教学，而忽视会计实践和会计能力的培养，进而出现教学内容和学生就业能力的培养越来越不适应的脱节问题。一些会计专业毕业生甚至不知道该如何从事会计基础工作。教师太过于强调教学和作业的重要性却没有很好地与社会就业相适应。

（二）教学能力考核偏理论化

教学课程考核偏向理论和知识化的过程，对于学生实际掌握的就业能力无法很好地把握，例如《会计基础》的考核只简单地停留在理论和过程的考核，如会计分录的编制和会计基础理论等，并不能实际地考查学生的实际做账水平和能力，不能与时俱进地实行无纸化的电算化考核，教学和考核的脱节很难培养出高水平的会计人才。

1. 缺乏配套的会计实训和实习基地

一些高校没能够配备专业的会计实训室，诸如手工实训室、电算化实训室及ERP沙盘实训室等。至于校外的实习基地就更难以实现了，笔者所在的九江学院在本人大学期间便没有组织过校外的实训课程，因而容易导致缺乏实习实践经验的弊端，不利于在会计行业的就业竞争。

2. 未能实行教学做一体化的模式

由于会计专业是一个具有很强操作性和实用性的专业，为适应就业高校应该施行教学做一体化的教学方式，从而确保教学过程的实践性以及岗位性，落实实习环节。然而一些教师存在以自己为中心的观念，没能树立以学生为中心的教育教学观念，使学生缺乏学习积极性。

二、会计毕业生就业方面存在的问题

（一）毕业生缺乏准确的定位

许多刚刚从高校毕业的会计毕业生不愿意从底层基础会计岗位做起，做事缺乏耐心，造成高不成低不就的不良局面，导致会计人才就业压力逐年增大。这种现象给刚毕业的会计学生造成现实和期望较大的落差，大量会计专业的毕业生在校期间缺乏足够的实践，很少参加实践性工作，误以为工作就是"坐办公室"。事实上，大多都是从事出纳和基础业务核算工作。他们渴望拥有体面和光鲜的工作，尤其对金融证券行业有浓厚的兴趣，甚至有的眼高手低，当理想与现实产生巨大的落差的时候，毕业生便面临就业困境。当然这种困境是求职人员主观意识造成的，这就需要高校在就业指导方面要合理地引导，改变其就业观念。

（二）应届毕业生经验不足

企事业单位在招聘会计人员的时候往往要求具有一定的实践工作经验，一个单位需求的会计人员往往不会很多，因此都会要求其不但有优异的学习成绩同时应该具备一定的实践经验。因为企事业单位培养一个会计人员需要花费较多的精力和资金成本，因此对会计人员的综合素质要求也就较高。然而大多数应届毕业生缺乏足够的实践经验，这就使得他们缺乏足够的就业竞争力，很难胜任企业安排的工作，这便使毕业生就业陷入了劣势地位。这种问题的存在是用人单位主观意识造成的。

（三）会计人才供需失衡

一方面我国高校会计专业招生规模扩大，因而会计从业人员越来越多，渐有饱和趋势；另一方面大多数会计人员处于基层，缺乏足够的市场竞争力，高层次会计人员却处于缺乏状态。科技的发展使企业对基层会计人员的需求不增反减，这便进一步加剧了会计从业人员的就业压力。

三、用工单位存在的问题

企事业单位作为毕业生最终的去向地对会计专业的毕业生要求越来越高，过高的要求与求职者的实际水平相脱节，使许多就业者碰壁而归。不仅要求具有良好的成绩同时要求具有丰富的实践经验，期望毕业生能较快上手以便减少企业的用工成本，然而这对于刚刚走出校门的会计毕业生来说无疑十分困难，大部分学生缺乏与之相对应的实践能力。由于缺乏经验，许多毕业生在求职中只能铩羽而归。

第四节 当前会计人才培养的不足及就业困难原因分析

一、高校角度

(一) 高校教学方式不尽合理，对学生就业能力的培养欠缺

当前大多高校都存在教学模式与学生就业不相适应的情况。学校重视应试教育与理论学习，缺乏足够的实践操作课程。会计作为一门实用性的应用学科应该重视实践学习。而缺乏足够的实践学习使大多数毕业生毕业后缺乏实践经验很难完成企业安排的工作，这便加大了就业难度。与此同时，许多高校都经历了扩招，或增设会计专业，因此会计专业长期处于热门专业，就业竞争力之大可想而知。在一定的条件下，就业人数的增加便会进一步挤压毕业生的就业空间，优胜劣汰，缺乏足够实力的就业者很容易在就业浪潮中淹没。

(二) 高等教育的转型

随着中国教育制度的改革，在推进高校教育转型的过程中，我国的高等教育逐渐由精英教育过渡到大众化教育，大学毕业生不再是"珍稀生物"，越来越多的大学生进入就业市场，在教学水平及学生能力没有明显提高的情况下，一个好的岗位可能面临许多个求职者同时竞争，这便导致了一定范围内的就业难问题。

(三) 就业引导存在不足之处

一些学校没能将大学生职业生涯规划落实到实处，没能引导大学生树立明确可行的职业生涯规划。大学作为学生就业前，对学生能否更好地就业有一定的引

导作用。在学生就业意识的养成中应该积极加以引导，不仅仅局限于满堂灌的理论知识教学，更应该引导学生将理论与实践相结合，而不是培养思想上的巨人，行动上的矮子。各大高校都有就业指导课的安排，然而真正将其落实到实处的却并不多，只有高校把握好人才输送的最后一关，才能更好地为就业打下坚实的基础。对就业的盲目，缺乏足够的准备便会在就业中失去主动权。

二、会计人才就业市场原因

（一）经济全球化及科学技术的迅速发展

随着经济全球化的加剧，各国经济往来日益密切，跨国企业在海外的分公司及子公司越来越多，经济和政治风险日趋多元化和复杂化，这就自然会要求会计从业人员不仅要具备扎实的会计学知识，还应该具备相关的法律知识及较高的外语能力，这对我国会计人员的就业产生了很大的压力，尤其对地方高校毕业的会计人才造成巨大压力。与此同时，人工智能技术快速发展，会计机器人已经能从事大部分会计记账工作，机器人与人相比效率更高且不易出错，而当今会计岗位从业人数最多的便是从事简单的记、核账的基层会计人员。因此，会计机器人的完善及运用将会成为行业趋势，这势必会减少基层会计人员的需求，使会计人员需求的绝对量减少，这进一步加剧了会计人员的就业难度。

（二）人才供给与需求相对失衡严重

不同层次会计人才供给现状是，初级会计人才的需求远小于其供给，相反高层次会计人员需求远大于其供给。初级和中级层次的会计人员就业数量占据目前会计就业市场的绝大多数，而企事业单位对初级和中级尤其是初级会计人才的需求是很有限的。随着当今经济的迅速发展，企事业单位对会计人员的素质要求也越来越高，单纯的记账、出纳很难满足企事业单位的用人需求，因此新的经济形势要求会计人员具有较高的综合素质和业务水平，不仅懂会计专业知识还需懂得经济、税法等知识,而绝大多数会计人员无法满足企事业单位的较高要求,因此也无法获得满意的就业岗位。

(三) 非会计专业人员带来的竞争

由于底层会计岗位从业的门槛较低,因此许多非会计专业的毕业生也加入了会计就业竞争这个行业,使会计行业的就业竞争越发激烈。而2017年我国取消了历时已久的会计从业资格证的考试,会计行业准入门槛再次降低,意味着任何行业的人员都有从事会计工作的可能,这对于会计专业的学生来说无疑是一大压力。不仅面临同专业的竞争挤压,还面临着其他专业对会计岗位的同台竞技,这要求会计人员要有更高的能力水平才能在激烈的就业环境中脱颖而出,而一些专业知识不扎实的人员必将受到影响和冲击,对其就业极为不利。

三、毕业生本人因素

(一) 缺乏就业的准确定位

任何一个大学生因刚进入社会,心中对未来所要从事的工作具有较高的期望值,同时又不能对自身专业素养及能力进行合理准确的定位。不乏好高骛远的心理存在,这就很容易造成高不成低不就的局面。大学毕业生还处在由学校到社会的过渡期,各方面经验尚缺乏。对工作也有美好的憧憬,要求找一份薪资稳定又轻松的工作,且和自己所学会计专业密切相关。苦了累了不愿意,工资待遇不够高的不愿意,往往导致期望越高,失望越大的局面,因而加重了就业困难。尤其会计毕业生因为缺乏就业的准确定位造成的负面影响更大,因为会计工作岗位度会计人员不仅仅要具有扎实的理论知识,还要具备丰富的实践能力。

(二) 缺乏厚实的专业理论知识与实践能力

当代的大学生普遍存在专业基础知识不牢固,同时又缺乏实践操作能力的问题。大学对学生自主学习的要求很强,要求学生课后自主学习参加实践活动,而许多学生安于大学生活而缺少相应专业的实践操作经验很难从事实际工作,甚至有的学生知识点都掌握不牢固。许多的企事业单位往往都希望大学生能很快地从事实际工作,缩短实习期及培训成本,相比于学生所掌握的理论知识,他们更看重实际操作能力,而这对于在学校期间很少参加社会实践活动空有理论知识的学生来说无疑是不利的,这样他们在实际就业的过程中便处于劣势地位。

(三)会计毕业生就业竞争力不足

一方面,大量会计专业毕业生偏重于理论知识及做账记账能力,与具有工作经验的会计人员相比不具备竞争优势,尤其是专业特长及综合素质不足时更是处于劣势地位,这些因素无疑是制约毕业生就业的拦路虎。另一方面,相对再就业的会计人员来讲,同样处于劣势地位。

(四)职业选择随大流

近几年来,公务员及事业单位的报考成为热门就业方向,会计专业毕业生也是如此。然而由于报考人数较多,报录比一再刷新高度,和报考人数相比录取率低得可怜。但许多会计专业毕业生热衷于事业编制,非企事业单位不去,这种就业观念无疑加重了就业困难。事业单位的高福利待遇,良好的就业环境及薪资是巨大的吸引力,但毕业生缺乏对自己的准确定位和正确的认识,不能从自身兴趣爱好角度及性格特长等方面考虑适合自己发展的职业岗位,盲目地随大流只能使其就业面临困难与考验。一些人"死抱着"事业编制不放手,非事业单位不去,要求工作体面轻松,偏远地方不去,一味追求大城市。不是体制内的工作看不上,而热门岗位往往竞争激烈,最终进入的只能是少数,到最后只能错过最佳的就业时机以及其他就业机会。

四、用人单位角度

(一)用工制度不尽合理

由于就业过程中存在许多不公平的现象。如有的企业非"985""211"高校学生不用，这便使许多会计专业毕业生失去了一定的就业选择范围，不乏许多具有优秀才能和扎实会计业务能力的就业者因不公平的就业环境而未能找到心仪的工作。同时，也存在诸如性别歧视等不公平的现象，有些企业在招人时只招男生，而会计专业女生居多，这便客观上造成了就业难的问题，这些原因都是影响大学生就业的重要因素。

（二）双向就业信息的不对等

企业由于处在雇主方具有决定是否录用从业人员的权利，他们能更详细地掌握就业人员的各项信息，而就业信息的不透明使求职者处于不利地位，他们往往无法全面了解用人单位的各项信息以及工作要求，比如试用期、薪资福利工作量等多个方面。同时，有的企业对求职者要求严苛，诸如绩效考核末位淘汰制度等，都在一定程度上造成了就业难的局面。

第五节 完善会计人才培养促进会计毕业生就业的建议

一、高校转变会计教育理念，探索新的教学方法

（一）适当控制招生规模，提高人才培养质量

目前高校盲目扩张，尤其是热门的会计专业，阻碍了会计专业高等教育的发展，为了保证培养出合格的高素质人才，提高会计专业的就业率，高校应该控制会计专业的招生规模，提高师资和教学质量。

（二）加强会计毕业生就业指导

许多会计专业的学生缺乏认清自身的能力，学校应该加强就业方面的指导，

多组织安排实践活动提供实习机会。加强学生对会计知识技能和就业技巧的培训,让会计专业学生平时多看一些求职节目,比如天津卫视的《非你莫属》栏目和央视的《职来职往》栏目,以提高学生的求职智商。从各方面提高学生的综合能力,帮助学生树立正确的就业观念,端正择业态度。

(三)课程教学内容优化

高校应该根据职业岗位设置课程,高校教育应该以就业为导向,就业能力的培养与毕业后的实际工作相接轨。培养能够进入企事业单位从事会计工作的高素质人才。因此,要按照会计岗位的实际需要来选择课程的内容。从事会计工作需要什么内容高校就教什么内容,需要哪些技能就教哪些技能。例如,要胜任出纳的工作需要会计基础的出纳实训等课程,从事往来结算核算工作需要财务会计、财务会计实训和综合实训课程,要从事纳税申报的工作必须懂纳税实务及税法相关知识。因此应该有针对性地安排课程,进行会计专业知识教学,提高学生各方面的专业综合素质。

二、毕业生努力加强自身专业素养树立正确的择业观

新时代的高校会计毕业生,应该努力加强自身会计理论知识修养,树立独立自主与自身能力相适应的择业观念。在完成规定的理论学习之余,要尽早做好职业生涯规划,有针对性地学习会计相关知识技能,如多参加一些会计知识技能大赛、模拟炒股、ERP竞赛等,还要多参加一些行业举办的职业技能大赛,比如中国商业会计学会举办的"税友衡信杯"大赛、"科云杯"财会职业能力大赛和"瑞华杯"全国校园审计精英挑战赛,在这方面,九江学院会计学院就是突出典范,近五年获得此类大赛56个奖项。

(一)树立正确的择业观念

会计毕业生应该充分地认清自我,树立正确的择业观念,先就业再择业,摆

正心态,不要一味地追求大企业、大城市,应该给自己定一个长远的职业发展规划,脚踏实地一步一个脚印地朝着目标前进。不能眼高手低,基层会计岗位也能锻炼一个会计人员的专业技能,为后续职业生涯的发展奠定基础。同时,应该掌握财会审计等专业知识,能熟练地掌握和运用经济、管理及法律法规,获取新知识,洞察和分析解决新问题,在企事业单位能与时俱进,随机应变。

(二) 具备扎实的专业知识及数理统计能力

会计人员必须具备扎实的专业知识及良好的数理统计能力,因为统计能力是会计工作的基础,然而在当今新的经济形势下要求我们不但要掌握该技巧,而且要做到在工作中能快速地处理和分析数据,提高工作效率达到利益最大化,从本质上提高自己的业务能力。

(三) 掌握和运用计算机及互联网等新技术

在"互联网+"时代,全球大数据快速发展,不断涌现出新的技术,社会经济正在发生着日新月异的变化。随着经济社会的快速变化,企事业单位对会计从业者提出了更高的新要求,要求会计人员能够顺应时代共同进步发展。因此,作为一名会计人员来说,就应该能够熟练使用计算机来完成日常工作,解决遇到的财务难题,提高财务工作效率。能够运用网络公共平台查找到工作中所需要的资料,更好地完成各种财务工作。将更多的精力放在数学建模和分析修正数据上来,因此,要学会把计算机技术运用到会计专业技能上来,学以致用,与时俱进。

三、政府提供良好的就业环境及政策扶持

政府作为国家的宏观调控者,针对会计行业越来越大的就业压力,应该提供良好的就业环境及政策扶持。应该拓宽大学生就业创业的渠道,逐步建立和完善安全全面的就业信息发布平台,及时发布高质量的就业信息,让大学生能够接触到更多的有效的就业信息，为大学生的职业生涯提供更多的选择机会，对于那些虚假的就业信息及不合规的就业场所应该加以监管控制，更好地为市场培养出更多高素质的会计人才。同时也为毕业生创新创业提供政策、资金、技术等方面的咨询服务。

四、企事业单位适度降低会计人员用人门槛

企事业单位作为会计人才的最终安置点应该给予适当的宽容，建立定向培训机构进行专门的培养，对意向符合标准的毕业生进行入职前的培训，充分激发毕业生的工作潜力。同时企事业单位应该根据实际需要来设置招聘门槛，给一些能力过关的毕业生提供就业机会。因为不乏一本二本会计专业毕业生拥有扎实的基础及较强的工作能力，完全能够胜任企业交代的工作。

第六节 结 语

综上所述，本部分通过上述调查及分析表明，会计专业依然是就业的热门专业，但与此同时也面临着新的挑战，可以说当今会计行业，机遇与挑战共存。为提高高校会计专业毕业生就业层次及质量，需要学校、企业、政府及社会各界的共同努力。学校需探寻新的教学模式和创新人才培养模式；企业需为会计专业毕业生提供必要的专业技能培训及实习机会；政府应该为毕业生提供良好的就业政策与环境，鼓励创新创业，促进校企对接，社会各界应该给予毕业生各种适当的指导及帮助；同时学生应该充分认清自身，夯实专业技能，转变就业观念，树立自主择业观，竞争就业观，积极参加必要的社会实践活动，做到理论与实践相结合，提高自我就业竞争力。

第九章　不同层次会计人才就业问题及对策研究

摘　要：本部分运用调查法、观察法、文献法等方法对不同层次会计人才就业形势进行研究分析。通过对不同层次会计专业人才就业形势的分析，反映不同层次会计人才的就业环境以及本行业的发展趋势，从而为不同层次会计专业人才提供重要的就业信息资源。不同层次会计专业人才可以很好地依据自身的情况并结合所对应的会计就业形势来为自己制定合理有效的职业发展规划，避免盲目就业。从而使更多为了就业而就业的会计专业人员认识到自身的不足，及时调整就业目标实现充分就业。不仅利于不同规模企业的发展，也有利于公司招聘到适合公司自身发展的财务人员。

首先，阐述了会计行业就业的形势以及研究不同层次会计人才就业形势的重要性和目的。其次，对不同层次会计人才就业的现状进行简单介绍，并发现其中存在的问题。再次，对不同层次会计人才就业现状及问题做出具体的原因分析。并针对不同层次会计人才就业存在的问题提出合理、规范的改进建议。最后，研究表明，目前会计人才就业所面临的就业形势依然严峻，需要国家、企业、学校、会计人员本身等多方面

会计人才培养、学业不良转化及就业研究

做出努力和改变才能实现不同层次会计人才就业。

第一节 会计人才就业形势基本概述

一、会计人才就业形势

"大学生就业难"在近十几年一直都是社会的焦点问题之一,中国高等教育规模的扩大,从 2017 年高校毕业生已达到 795 万人这一数据不难发现,大学生就业的整体形势日趋严峻。而随着中国对外开放程度的加深以及经济的持续发展,社会对会计人才的需求也一直处于上升的态势。随之而来的是会计专业人才的供应也在持续增长,如增设新校、增设专业、专业扩招,这些方式都在不断增加会计人才的供给,从而满足社会对会计人才的需求。据不完全统计,全国约有 650 多所高校开设会计专业,其中有 192 所学校开设了 MPACC 专业(Master of Professional Accounting),即会计专业硕士,其学制一般为两年。会计学作为本科阶段最热门的专业之一,不论是财经类院校还是非财经类院校,大部分都开设了会计学这一专业。会计类人才整体呈现供需两旺的态势,但正是由于会计人才整体素质的参差不齐,会计人才也因此分为初级会计人才、中级会计人才和高级会计人才,尽管会计人才呈供需两旺的态势,但是近年来人才市场对中级、高级会计人才的需求越来越旺盛,很多仅仅取得会计从业资格证的会计从业人员,并不能满足现行的社会需求,所以目前中、高端会计人才市场依然留有很大的空间,初级会计从业人员的就业形势依然严峻。2016 年会计研究生考试改革,取消了 10 月联考,把在职研究生考试纳入 1 月联考统一为统考,并且把原来的在职研究生在学习期满后仅颁发一个学位证改为颁发毕业证和学位证,学位证书和毕业证上会注明"非全日制研究生"的字样,除此之外全日制会计专业硕士研究生和非全日制会计专业硕士研究生的培养方式也有所不同,前者学习时间为周一到周五,后者仅以周末和节假日学习为主。除此之外的教育资源以及授课内容基本相同,含金量的提高随之而来的也是非全日制会计专业硕士研究生的分数线大幅度上升。上述改革也充分验证了会计行业急需高素质人才,同样也不难从国家对会计专业硕士的改革中得出会计人员在需要一定的理论知识的同时,与之相应的会计领域相关工作经验也是不可缺少的。

二、研究不同层次会计人才就业形势的意义

如今大学生遍地、学历贬值,越来越多的人通过考证的方式来为自己提高就业机会。但是许多大学生对未来发展的路线以及人生规划并不明确,在诸如会计等门槛较低的行业呈现出基础岗位竞争大且供过于求的局面。就会计从业资格证而言,这是一张进入会计行业的门票,但也正因为其报名门槛低,加上没有专业限制,大学里很多学生都获取了这一证书,这在某种程度上加剧了会计基础性人才供过于求的局面。国家于2017年取消了会计从业资格证这一考试,由于会计从业资格证考试近乎零门槛,只要求参考者具备中学、中专学历即可。参加考试的人员从大中专职业院校的学生,到非会计专业等社会人员,鱼龙混杂,素质参差不齐等。可见,这一行业准入门槛之低。与此同时,随便通过考试,单单凭借从业资格的水准,是很难在会计行业立足的,从上述角度来看,的确有必要重新考虑会计从业资格考试的意义,而不仅仅是作为报考初级职称的条件。如今会计从业资格证的含金量,已经不足以证明会计人员的工作能力。会计行业存在着不同层次的会计人才,这些不同层次会计人才所面对的就业形势大相径庭。当前低端会计人才市场饱和并且低端会计人才市场呈现供大于求的局面,与此相对的是中端、高端会计人才市场供不应求。尽管如此,中高端会计人才的数量也远少于低端会计人才的数量。因此了解不同层次会计人才就业形势的具体情况,分析不

同层次会计人才就业的形势是一项具有现实意义的课题,不仅仅能指明不同层次会计人才在就业中所面临问题的原因,并针对这些问题提出合理的解决方案。不仅能为会计专业毕业生提供就业指导,还能为会计专业在校生的学习及其职业生涯规划提供针对性的指导。随着我国社会主义市场经济的不断发展,不同层次会计人才也应该把握新的形势,提升自我,才能适应新经济的发展。

第二节 不同层次会计人才就业的现状及问题

一、不同层次会计人才就业的现状

2017 年全国高校毕业生人数再创新高,达 765 万人之多,而会计专业毕业生也达到了 90 多万人。截至 2017 年底,全国会计从业资格考试已成功组织 25 次,累计共有 637 万人通过相应级别的专业技术资格考试,其中获取初级证书的有 443 万人,获取中级资格证书的有 180 万人,获取高级资格证书的有 14 万人。目前,会计人才结构呈现的是金字塔型,但这并不是一种合理的金字塔。处于金字塔底端的初级会计人才所占比例偏大,而上端即中、高级会计人才严重不足。据数据显示,目前长三角地区城市对高级会计师的需求在 10% 左右,对中级会计人员的需求在 20% 左右,但是目前在我国约 1400 万会计从业人员中,中级会计师仅占 10.8%,高级会计师仅占 0.57%,注册会计师仅占 1.1%。显而易见,当前的中高级会计人才的数量是无法满足新经济形势下企业发展需求的。

(一)初级会计人才就业现状

2017 年 11 月 5 日,会计从业证的取消终于得到了官方的确认,正式获得通过。2017 年 11 月 4 日下午,第十二届全国人大常委会第三十次会议表决通过关于修改会计法的决定,将"从事相关会计工作的人员,须取得会计从业资格证书"这一规定,修改为"会计人员应当具备从事相关会计工作所需专业能力"。这间接地削弱了会计从业资格证的必要性。会计从业资格证的取消,并不意味着会计专业的取消,恰恰相反,会计专业将因此增强专业性,会计行业的竞争将更加激烈,同时也促进会计专业朝着更专业方向发展;过去那种"证多不压身"的观念,不论自己适不适合从事会计行业,都去考取会计从业资格证,这不仅会造成社会公共资源的浪费,也不利于人才培养;取消会计从业资格证,表明国家将陆续取消一些不必要的资格证书,人才培养将因此更加专业化,会计教育更加注重能力等综合素质培养。随着会计从业资格证的取消,初级会计师证就成了从事会计工作必不可少的证书之一。据统计,85%以上的会计专业毕业生在大学毕业前就会通过初级会计师考试。而当前64%的招聘单位在进行员工面试时都会问到其是否具有初级会计师证书。

在当前取消会计从业资格证书的形势下,招聘单位从要求其具有会计从业资格证转变为要求其具有初级会计师证书。初级会计师证书成为了从事财务行业的敲门砖。但对于那些真正想在会计行业有所作为的会计行业从业者,还应不断提升自己,通过考取中级、高级、注册会计师等高级别的资格证书来证明自己。初级会计师证书是在校大学生所能考取的证书之一,这一证书对于一个准备进入或刚进入会计行业的应届大学生来说是比较有用的。会计职称作为衡量会计从业人员业务水平高低的标准之一,通常来说会计职称越高,则会计业务水平越高。当前许多用人单位在招收会计实习员工时都要求其具有初级会计师证书,并且在国企及一些私人企业中相关证书和工资奖金是直接挂钩的,多一个证书意味着多一些基础工资。这一证书对应届毕业生尤其重要,如果持有这一证书,应届毕业生找到一份好工作的概率会高很多。目前初级会计人才就业从事的多是核算工作,能给企业带来的价值远不如中高级会计人才给企业带来的附加值多。

(二)中级会计人才就业现状

中级会计职称是会计职称的一种,据现行会计职称管理规定,通过中级会计职称考试后可以评定会计师职称。会计师指具有一定会计专业水平,经考核取得证书、可以接受当事人委托,承办有关审计、会计、咨询、税务等方面业务的会计人员。由于中级会计师采取的是考评结合的方式,这种方式既能避免企业录用单一的只会考试的会计人才,也能够帮助企业录取到既具备一定的知识理论又有较为丰富的会计从业经验的会计人才。中级会计人才有别于初级会计人才,被定性为管理型人才。中级会计人才需具备诸如分析企业现有问题、工作中的薄弱环节的综合分析的能力,并据此提出相应的解决方案。此外,中级会计人才还要求具有财务管理的能力,包括资金的分配、投资、运营等能力。这一实用型人才也是当前会计界乃至全社会最急需的。其中,会计人才市场对于那些有助于改善企业现金流以及熟悉会计报告的中级会计人才的需求更加明显。在总体薪酬水平保持稳定的情况下,拥有复合技能的会计师将有可能得到一定的额外薪酬,雇主的招聘带有选择性,雇主往往青睐于那些具有领导能力并能立即对企业运营做出贡献的专业人士。随着上市公司数量大幅度增加、投资融资公司如雨后春笋般出现,民营和金融企业的大发展使得市场对中级会计人才,即管理型会计人才的需求日益显著,在具备扎实的会计理论知识的前提下又拥有较为丰富从业经验的中级会计人才注定是市场上的香饽饽。

(三)高级会计人才就业现状

不能将高级会计人才简单地定性为获得高级会计师证书的人群,高级会计人才也包括获得ACCA、注册会计师等高含金量证书的人才,同时,自身也具有丰富的会计行业的从业经验,对会计行业有着较为深刻的认识,能够凭借自身的专业知识和经验储备结合当前经济发展形势,针对企业发展的现状提出战略性的建议或者意见,因此高级会计人才也被定义为战略型人才。对于一个企业来说最重要的就是企业发展战略的制定以及实施,高级会计人才作为战略的制定者和参与者之一,往往重视企业的长远发展及企业利益的最大化。高级会计人才在公司的发展中扮演着重要角色,发挥着重大作用,作为会计职业金字塔顶端的人群,必然为众多公司所青睐,也是猎头们的首要目标。

二、不同层次会计人才就业问题

据教育部阳光高考信息平台最新数据统计,会计学专业本科毕业生人数达11万人以上,就业率在86%~91%。男女比例:男生24%,女生76%。从数据可以看出,该专业的毕业生规模较大,总体就业情况尚可。

(一)初级会计人才就业问题

低端会计人才数量庞大,总体上供过于求。

从图9-1可以看出,2016年全国中专会计学生毕业数量约为21万人,专科约29万人,成人专科约16万人,成人本科约11万人。其中统招本科及以上的会计学生毕业人数约为16.3万人,占当年全国会计专业毕业生数量的18.1%,其中硕士毕业生约占1.1%,博士生更是占比极低,约为0.03%。从上述数据中我们可以得知会计专业毕业生中大部分学历都偏低,约占82.9%。此外,目前全国约有2000万名会计从业人员,而由人力资源、财政部以及社会保障部部门共同组织的全国会计专业技术资格考试截至2016年底,累计约有586万人通过考试取得了资格证书。全国具备初级资格会计人员403万人,具备中级资格会计人员168万人,具备高级资格会计人员12万人。① 由上述数据可知,低端会计人才在整个会计从业人员中占据了非常大的比例,低端会计人才在就业中缺乏竞争力、职场发展前景较差、薪资待遇不高,并且随着AI(人工智能)的发展,低端会计人才甚至面临被人工智能取代的可能,低端会计人才或者说单一的核算型

---

① 数据来源于财政部官网 http://kjs.mof.gov.cn/zhengwuxinxi/zhengcejiedu/201412/t20141231_1174783.html。

会计人才亟待提高自己专业素质,否则失业不可避免。

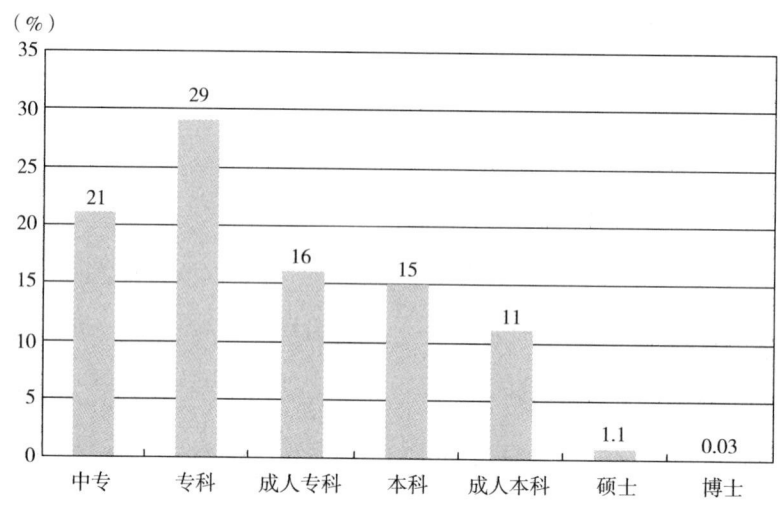

图 9-1 2016 年全国会计学生毕业数量统计

(二) 中级会计人才就业问题

中级会计人才在本部分中被定义为取得中级会计师证书且具有较为丰富的相关会计从业经验的人才,以及那些取得会计相关专业研究生学历且从事会计行业有一定的年限,对会计有着较为深刻的理解的人群。中级会计人才在企业中被定义为管理型人才,参与企业的管理和决策,为企业管理者提供财务上的智力支持。尽管随着上市公司、投资融资平台、金融行业、互联网企业的发展,市场对中级会计人才的需求增加明显,但上市公司以及互联网等金融企业对中级会计人才的要求较高,中级会计人才必须适应现代企业的发展,否则也会被社会所淘汰。另外,中级会计人才虽然是管理型会计人才,参与企业管理决策,但对企业的发展方向和发展战略并不能提出实质性的建议,和战略型的会计人才相比还有着较大的差距。此外,大量的初级会计人才通过诸如考取更高级别的证书、考研等方式来提升自我,从而逐渐地抢占中级会计人才的工作岗位,中级会计人才如果不能树立终生学习的学习观念,也将面临失业的风险。

(三)高级会计人才就业问题

高级会计人才在本部分中被定义为考取了高级会计师证书且具有相当丰富的会计相关领域的从业经验或者那些获取了注册会计师、ACCA、AICPA 等高级证书且从事会计工作有一定年限的人群。截至 2016 年底,累计有 586 万人通过考试取得了资格证书。全国具备初级会计师资格的会计人员达 404 万人,具备中级会计师资格的会计人员 169 万人,具备高级会计师资格的会计人员 13 万人。① 由数据可知,获取高级会计师资格的会计人员在获取会计资格证书人群中约占 2%,而由于注册会计师考试、ACCA 等考试难度大、科目多,获得此类证书的人数也相当少。这意味着高级会计人才极其稀缺。但是企业对高级会计人才的要求也极高,不但要求高级会计人才能参与到企业的财务管理当中去,还要求其对企业的发展战略提出针对性的意见,最重要的是企业要求高级会计人才具有创新精神。如果高级会计人员不能与时俱进,依然会被市场淘汰。

第三节 不同层次会计人才就业问题的原因分析

一、低端会计人才就业问题的原因分析

(一)学历水平较低

学历是用人单位在录用会计人员时首要考虑的问题,并且学历也是最有区分

---

① 数据来源于财政部官网 http://kjs.mof.gov.cn/zhengwuxinxi/zhengcejiedu/201412/t20141231_1174783.html.

度的标准之一。学历作为一些国企、会计师事务所等企业的门槛之一，仅仅学历低这一项就把众多初级会计人才排除在外。

（二）低端会计人员竞争大

就目前情形而言，我国持有会计从业资格证书的人员数量已超过2000万，以及大批无证上岗的会计相关人员，如果这些会计人员不尽快获取中级会计师资格证或者其他含金量更高的财务会计证书，将面临就业难的问题。截至2017年底，全国会计专业技术资格考试已组织25次，累计有586万人通过考试取得了资格证书。全国具备初级资格会计人员404万人，具备中级资格会计人员169万人，具备高级资格会计人员13万人。而仅仅持有会计从业资格证书的人占据了绝大部分，这庞大的人员数量决定了低端会计人才将面临激烈的竞争。

（三）高校扩招会计类学生

众多高校盲目设立会计类专业。20世纪90年代中后期，许多高等院校不管是财经类院校还是非财经类院校开始进入"扩招""新招"模式，这一模式虽然在一定程度上提高了高考升学率，满足了众多学生上大学的梦想，同时也为我国的经济社会发展提供了大规模的会计人才。但"扩招""新招"模式的弊端也显而易见，众高校为了抢夺高考生源，持续扩大招生人数规模，十几年下来，会计类专业的招生数量与日俱增。除此之外，高校"扩招""新招"不仅仅是会计类学生招生人数的增加，开设会计类专业的高校数量也在不断增加，之所以会出现这种现象是因为会计类专业并不需要大量的固定设备投资，更过分的是，一些从来都没有开设过会计类相关专业的纯农业类院校、师范类院校、理工类院校也要参与其中，挤入开设会计专业的行列当中，这一事件的最直接结果是开设会计类专业的高校数量急剧增加，每年会计类专业毕业生的数量也是居高不下。据最新的统计数据表明，我国开设会计类专业的本科高校就有460多所，这也意味着在700多所本科公立高校里有60%以上的高校开设有会计类专业。如果算上高职所开设的，每年会计类专业毕业生的数量远不只此。会计学类专业因为热门，深受学生们的喜爱，所以很多高校都是盲目地开设。比如科技类、理工类、师范类大学等现在都开设会计类专业，来吸引生源。如今，低端会计人才在人才市场上已经远远供过于求。如果会计人才要想在当今激烈的竞争中脱颖而出，拥有一个好的出身是十分重要的。

（四）中小企业对会计人员要求低

随着"大众创业、万众创新"口号的提出，国家比过去更支持中小企业的发展和个人创业。但是由于众多个体工商户以及中小企业自身发展不足，没有能力为财务人员提供较好的工资福利待遇，进而不能为高素质会计人员提供就业岗位。此外，由于众多个体工商户和大量中小企业发展水平有限，对会计等财务人员专业技能要求不高，只要求能够做出一套完整的账本即可，仅仅要求会计人员为简单的核算型会计人才即可。甚至许多家族性私人企业的会计和出纳人员为其家族人员，而在该企业供职的会计和出纳人员甚至都没有系统地学习过会计理论知识，也没有考取过会计从业资格证等相关会计类证书，仅仅是通过培训班学习一段时间，更有甚者只是跟随其他有经验的老会计学习一段时间就无证上岗。

（五）大型企业和大型国有单位财务分工细致

我国的众多大型国有企业以及大型企业财务分工极为细致，一个大型国企或大型单位都有一个人员数量众多的财务团队。由于集团型企业规模庞大，数据量巨大，导致了财务岗位分工过细。通常财务部有几十个岗位，而且岗位之间分工明确，如果没有大的体制改革，在一个岗位上一做就是十年。基于会计人员培训成本较高和换人可能带来的不确定性风险，企业的财务负责人往往安排同一个人长时间待在一个岗位，而不按规定采取轮岗制度。如今许多从事财务分析工作的相关会计人员都会沦落为报表员，主要是因为会计相关数据多，不管我们做任何有效的分析都需要数据来佐证，而数据分析是一个从采集到整理到分析再到结论的过程。之所以成为报表员，是因为从采集数据到整理数据花了我们太多的时间，导致会计人员并没有时间去想得更长远虽然能接触最细的数据，却没有与具体环节、流程、工序、作业对接起来，这些原因都会导致原本较为优秀的会计或者财务人员由于长期从事一个精细化分工的岗位，没能提升自身业务能力，最终沦为低端会计人才。

二、中端会计人才就业问题的原因分析

大量低端会计人才参与竞争，挤占中端会计人才工作机会，据最新的统计数据显示，我国开设会计类专业的本科高校有460多所，也就是说在700多所本科公立高校里有60%以上的高校开设有会计类专业。这还没有算上高职所开设的，可想而知，每年的会计类专业毕业生数量是多么庞大。仅2017年全国就新增了MPACC会计硕士招生院校近30所，天津大学、东北林业大学、江苏大学、青岛理工大学、山东农业大学、中国地质大学（武汉）、北京科技大学、湘潭大学、西南大学9所院校为会计硕士（MPACC）专业学位授权点。国家在2016年对研究生考试进行了改革，取消了之前的10月联考，统一纳入1月统考，取消全日制研究生与在职研究生分别划线的做法，改为统一划线，由原来的非全日制研究生（也称在职研究生）只颁发学位证，改为颁发"双证"即颁发学位证和毕业证，以及由原来的非全日制研究生必须工作3～5年后才能报考改为应届生也可以报考非全日制，在一定程度上放宽了研究生的准入门槛，极大提高了在职会计专硕研究生的含金量，使得大量低端会计人才通过考取非全日制会计专硕研究生或者全日制会计专硕研究生来提高自身的学历，从而能通过一些用人单位的准入门槛，进一步挤压中端会计人才的生存空间，给原先的中端会计人才的就业带来巨大的冲击。

三、高端会计人才就业问题的原因分析

（一）经济发展全球化，会计发展国际化

伴随着改革开放的深入，经济全球化发展日益明显，国家与国家之间的经济

联系日益紧密，我国要想大力发展社会主义市场经济，就必须积极融入到经济全球化的发展浪潮中去，经济全球化的发展推动了会计国际化的发展，伴随着会计国际化的发展，会计准则和会计实务都有着与国际趋同的发展趋势。而会计国际化的不断发展使得很多高端会计人才不能充分地认识、了解、掌握国际会计准则和国际会计实务，更别说在丰富自身理论知识的同时拓宽国际视野，在视野得到拓宽的基础上创新。

（二）社会主义市场经济深入发展，新的会计核算业务随之产生

互联网技术发展日新月异，金融业在整个经济体系所占比例逐渐增大，金融与互联网的相互结合极大地促进了会计的发展，使会计逐渐朝着信息化和智能化方向发展。而作为高端的战略型高级会计人才不仅要把握企业的发展动向，还要对本企业乃至本行业的整体运行态势了然于胸。高级会计人才还需要具备极高的学习能力才能应对新的会计核算业务。然而现实生活中很多高端会计人才只是拘泥于本企业的发展，没有上升至行业乃至整体的运行态势，缺乏大局观念，加之个人学习能力的欠缺不能进行有效的创新，因而被行业淘汰。

（三）高端会计人才自我满足，缺乏创新精神

部分高端会计人才在考取本行业所能考取的最高级的会计证书后容易自满，而会计行业恰恰也是非常看重实践经验的一个行业。部分高端会计人才拘泥于书本的理论知识，对本行业产生的新鲜事物缺乏敏感性，因而不具备创新精神。

第四节 对促进不同层次会计人才就业的建议

一、对促进低端会计人才就业的建议

（1）我国目前约有2000万的会计从业资格证获得者，但是实际与会计行业

相关的财务人员在1600万左右，还有很多考取了会计从业资格证的获得者并没有从事相关会计方面的工作经验，其中很大一部分人是抱着技不压身的心态考取会计从业资格证，虽然国家在2017年取消了会计从业资格证这一考试，无形之中提高了会计行业的准入门槛，初级会计师资格证就成为了进入会计行业的基础性证书，然而这一证书的报考条件为大专毕业后担任会计员职务满2年，中专毕业后担任会计员职务满4年，不具备规定学历，担任会计员职务满5年。报名参加会计专业技术初级资格考试的人员，除具备上面的基本条件之外，还必须具备教育部门承认的高中毕业以上学历。从上述报考条件我们可以看出，初级会计师资格证的报考条件依然不高，准入门槛依然较低。然而司法考试的报名要求中有一条为高等学校法律专业本科毕业或者高等学校非法律专业本科毕业并且具备一定的法律专业知识。这一条则明确限定为本科生才能报考司法考试，这种做法很大程度上避免了大量低端法务人才的出现。所以会计行业也应该适当提高准入门槛，有利于促进本行业的良性发展，进而减少低端会计人才之间的竞争。

（2）加强学习，提升学历。很大一部分低端会计人才是高中毕业生或者大专生，甚至不是本专业的学生，通过自学或者跟随有经验的老会计学习一段时间后就从业上岗，虽然有一定的工作经验，但是没有系统地学习过会计相关的理论知识，对会计的理解还不够深刻，只是单纯地停留在会计核算这一层面，对于低端会计人员来说应该继续参加教育努力，获得本科学历或者研究生学历，为自己的职业发展打下坚实的会计理论知识基础。

二、对促进中端会计人才就业的建议

由于许多低端会计人才通过提升学历的方式来提升自身从而抢占中端会计人才的就业市场，中端会计人才需要在获得一定层次的学历证书的前提下，努力考取高级会计师、ACCA、CPA、CMA等会计行业含金量极高的证书，并在工作中不断积累经验，丰富自己。此外，中端会计人才作为企业的管理型人才，不仅应该积极参与企业的决策和管理，还应为企业管理者提供财务上的智力支持。但是上市公司以及互联网等金融企业对中端会计人才的要求较高，中端会计人才必须适应现代企业的发展。同时，中端会计人才虽然是管理型会计人才参与企业管理决策，但是对企业的发展方向、发展战略并不能提出实质性的建议，和战略型的会计人才相比还有着较大的差距。因此，中端会计人才必须有意识地提升自己朝着战略型的会计人才发展才能在会计人才市场站稳脚跟。

三、对促进高端会计人才就业的建议

因为企业对高级会计人才的要求极高，不仅要求高级会计人才能够参与到企业的财务管理这个过程中来，还要对企业的发展战略提出针对性的意见，最重要的是高级会计人才还应具有创新精神。所以，高级会计人才应该不断提升自己，增强自身的交流沟通能力，准确有效地把会计数据转化为会计信息，并以通俗的语言传达给相关会计信息使用者，培养自身的学习能力，紧跟时代发展，开拓创新，积极适应会计国际化发展趋势，力争做一个合格的管理型、战略型会计人才。此外，上文提到过，如果高端会计人才不能与时俱进就注定要被就业市场淘汰，因此高端会计人才要培养快速学习的能力以及终生学习的观念。会计理论以及会计实务更新换代的速度也是很快的，对于高端会计人才来说，要适应会计理论以及会计实务的变化，应对不断出现的会计新问题就要求其树立终生学习的学习观念。高端会计人才不仅需要对本专业的知识了然于胸，还要对税收、经济学、法学、管理学、国际商务等知识和理论有所涉猎，只有这样高端会计人员才能不被就业市场淘汰。

第五节 结 语

本部分通过对不同层次会计专业人才就业形势的分析,指明了不同层次会计人才所面临的问题,并对问题的成因有所分析。最后为三种不同层次的会计人才就业提出了建议。由于不同层次会计人才所面临的问题不尽相同,所以目前会计人才就业所面临的就业形势依然严峻,需要国家、企业、学校和会计人员本身等多方面做出努力和改变,才能促进会计行业的良性发展,才能促进不同层次会计人才就业。

参考文献

[1] Albrecht R. Sack. Charting the course through a Perilous Future, Accounting education series, Sarasota, FL: American Accounting Association [J]. Accounting Education, 2000 (4): 4-11.

[2] Bin Lili, Y. E. A Employment Situation Survey Research to Online Accounting Education Undergraduates, WhHan [M]. 2014.

[3] Ching-Chi Lam, Loretta Un-Ieng Tou. Making Education Fun! The Marketing of Advanced Topics by Multimedia [J]. Social and Behavioral Sciences, 2014 (148): 79-86.

[4] De Lange P. B. Jackling A. Gut. Accounting graduates' perceptions of skills emphasis in Australian undergraduate accounting courses: an investigation from 2 Victorian universities [J]. Accounting and Finance, 2006 (46): 365-386.

[5] Duff. The role of cognitive learning styles in accounting education: developing learning competencies [J]. Journal of Accounting Education, 2004 (22): 29-35.

[6] Gaffney M. A., Ryan D., Wurst, C. Do online homework systems improve student performance? [J]. Advances in Accounting Education, 2010 (11): 49-68.

[7] Gazie, Haim, Principals of Performance Assessment [J] Educational Man-

agement Administration Leadership, 2008, 36 (3): 337 -351.

[8] Germain Bboer. Management Accounting Education: Yesterday, Today, and Tomorrow [J]. Accounting Education, 2000, 15 (2): 14 -18.

[9] Jackson S., Durkee D. Incorporating information literacy into the accounting curriculum [J]. Journal of Accounting Education, 2008 (17): 83 -98.

[10] Jeri L. Little, Elizabeth Ligon Bjork. 2015. Optimizing multiple - choice tests as tools for learning. Memory & Cognition, 2015 (127): 112 -134.

[11] K. M. Makinde, A. O. Ayegbokiki and O. A. Sotunde, Accounting for employment generation and expansion: A tool for insecurity in Nigeria [J]. African Journal of Business Management, 2013 (7): 3063 -3068.

[12] Lin, Z. J., Xiang X. Y., and Liu, M. Knowledge base and skill development in accounting education: Evidence from China [J]. Journal of Accounting Education, 2005 (23): 149 -169.

[13] Marie H. Kavanagh, Lyndal Drennan. What skills and attributes does an accounting graduate need? Evidence from student perceptions and employer expectations [J]. Accounting and Finance, 2008 (48): 279 -300.

[14] Maag, J. & Reid, R. Depression among students with learning disabilities: assessing the risk [J]. Journal of Learning Disabilities, 2013 (39): 3 -10.

[15] Mathew A. White, Lea E. Waters. A case study of The Good School: Examples of the use of Peterson's strengths - based approach with students. The Journal of Positive Psychology, 2015 (101): 150 -163.

[16] Mary, B. C., and Mark, A. D. Assessing knowledge structure in accounting education: an application of Pathfinder Associative Networks [J]. Journal of Accounting Education, 2003 (21): 185 -195.

[17] Mathews, Accounting in higher education: Report of the Accounting Disci-

pline in Higher Education [R]. 1990.

[18] Nadana Abayadeera, Kim Watty. Generic skills in accounting education in a developing country [J]. Asian Review of Accounting, 2016, 24 (2): 24 - 32.

[19] Neil Parry, Beverley Jackling. How do professional financial services firms understand their skill needs and organise their recruitment practices? [J]. Accounting Education, 2015, 24 (6): 55 - 59.

[20] Ni Dong, He Laihuang, Liang Zheng. Support vector machine in crash prediction at the level of traffic analysis zones: Assessing the spatial proximity effects [J]. Accident Analysis and Prevention, 2015, 82 (8): 23 - 30.

[21] Phil Hancock. Accounting for future: more than numbers [M]. Australian Learning and Teaching Cocuncil, 2009.

[22] Powell, Lisa M, Wada, Roy, Persky, Joseph J, Chaloupka, Frank J. Employment Impact of Sugar - Sweetened Beverage Taxes [J]. American Journal of Public Health, 2014, 104 (4): 40 - 59.

[23] Richard E. Lilliea, Donald E. Wygal. Virtual Office Hours (VOH) in accounting coursework: Leveraging technology to enhance an integrative learning environment [J]. Journal of Accounting Education, 2011 (29): 1 - 13.

[24] Richard. M, S. Wilson, The Routledge Companion to Accounting Education [M]. London & New York: Routledge, 2014.

[25] Roberta L. Humphrey, Deborah F. Beard. Faculty perceptions of online homework software in accounting education [J]. Journal of Accounting Education, 2014 (32): 238 - 258.

[26] Toni Noble, Helen McGrath. PROSPER: a new framework for positive education [J]. Psychology of Well - Being, 2015 (50): 47 - 48.

[27] Trevor Stanley, Stephen Marsden. Problem - based learning: does account-

ing education need it? [J]. Journal of Accounting Education, 2012 (5): 267-289.

[28] Watty, Kim, Howieson. Bryan and Hancock. Phil, Social moderation, assessment and assuring standards for accounting graduates [J]. Assessment and Evaluation in Higher Education, 2014 (39): 461-478.

[29] Willits S. D. Will more liberal arts courses fix the accounting curriculum? [J]. Journal of Accounting Education, 2010 (28): 13-25.

[30] 阿力坦嘎日迪. 内蒙古大学生就业问题探讨 [D]. 内蒙古师范大学博士学位论文, 2011.

[31] 财政部. 会计行业中长期人才发展规划 (2010~2020) (财会〔2010〕19号) [Z].

[32] 曹明才. "互联网+"时代会计专业人才培养探讨 [J]. 合作经济与科技, 2017 (2): 149-150.

[33] 曾媛, 刘敏岚. 学业不良大学生的心理特点、成因及对策研究 [J]. 江西理工大学学报, 2015 (4): 46-49.

[34] 陈继初, 胡晓红. "互联网+"时代高校会计信息化人才培养探究 [J]. 教育教学论坛, 2017 (5): 254-256.

[35] 戴柏华. 适应新常态 融合促发展积极推进"互联网+"下的会计改革与发展 [J]. 中国注册会计师, 2015 (8): 5-6.

[36] 邓传洲, 赵春光. 郑德渊职业会计师能力框架研究 [J]. 会计研究, 2007 (6): 31-35.

[37] 丁贵娥. 不同层次会计专业人才培养模式与学科知识体系的研究 [J]. 财会学习, 2017 (5): 204-205.

[38] 窦诚松. 大学生全面发展存在的问题及实现路径研究 [J]. 首都经济贸易大学, 2013 (1): 3-7.

[39] 樊竑. 试论我国高校会计教育存在的问题及对策 [J]. 课程教育研

究，2014（30）：185-186.

[40] 方法林. 基于AHP法的会计领军人才评价模型构建［J］. 会计之友，2011（5）：124-128.

[41] 高国琴. 应用型本科会计人才能力探析——基于会计职业特征视角［J］. 财会通讯，2012（9）：45-47.

[42] 郭高展. 大学生学业不良问题研究［D］. 东北师范大学博士学位论文，2006.

[43] 郭永清. 论我国高级会计人才培养体系的构建［J］. 会计研究，2011（10）：45-47.

[44] 郭兆颖，齐天华. "互联网+"时代会计人才培养研究［J］. 教育探索，2017（5）：65-67.

[45] 韩晨. "互联网+"时代高校会计人才培养方式探究［J］. 商业会计，2018（11）：109-111.

[46] 何婷婷. 课堂问题行为的产生与解决对策［J］. 江苏师范大学学报（教育科学版），2013（6）：35-43.

[47] 何玉润，李晓慧. 我国高校会计人才培养模式研究——基于美国十所高校会计学教育的实地调研［J］. 会计研究，2013（4）：26-31，95.

[48] 何玉润. 我国高校会计人才培养模式研究［J］. 会计研究，2013（4）：26-29.

[49] 黄琳. 互联时代下管理会计发展的机遇和挑战［J］. 商业现代化，2016（27）：73-76.

[50] 贾伊娜，王积田. 我国会计学专业应用型人才培养状况分析［J］. 中国证券期货，2013（1）：114.

[51] 蒋湛波. 高职会计理论实训一体化教学改革研究［D］. 湖南师范大学博士学位论文，2011.

[52] 金钱琴. 互联网环境下的高职会计人才培养模式探索 [J]. 包头职业技术学院学报, 2018 (1): 54-56.

[53] 柯霜. "互联网+"时代下会计教学方法探讨 [J]. 当代会计, 2016 (8): 62-63.

[54] 李克红. "互联网+"时代管理会计人才培养模式探析 [J]. 财务与会计, 2016 (15): 62.

[55] 李敏. "互联网+"时代下会计人才所面对的危与机 [J]. 时代经贸, 2017 (15): 16-18.

[56] 李茹. 探讨互联网时代高职会计人才培养 [J]. 经济师, 2017 (10): 236-238.

[57] 李闻一, 严汉妮. "互联网+"时代下会计人才能力框架探讨 [J]. 财务与会计, 2018 (3): 79-80.

[58] 李晓娟. Y高职院校会计专业学生职业能力提升研究 [D]. 西北农林科技大学博士学位论文, 2015.

[59] 刘伽希. 关于高校会计专业学生就业能力研究 [J]. 职业教育, 2016 (30): 204-205.

[60] 刘国城, 董必荣. "互联网+"时代我国高校本科会计教育的困境与变革 [J]. 南京审计大学学报, 2017 (1): 102-109.

[61] 刘玲雪. 信息化背景下我国本科会计人才培养模式研究 [D]. 内蒙古工业大学博士学位论文, 2015.

[62] 刘学文, 陈慧雪. 美国会计教育改革综述及其启示 [J]. 财会通讯, 2011 (2): 127-128.

[63] 刘永泽, 孙光国. 我国会计教育及会计教育研究的现状及对策 [J]. 会计研究, 2004 (2): 75-81.

[64] 刘永泽, 翟胜宝. 新形势下会计专业人才培养目标及对策研究 [J].

会计之友, 2009 (20): 80 - 83.

[65] 刘玉廷. 论我国会计信息化发展战略 [J], 会计研究, 2009 (6): 3 - 10.

[66] 楼拐娜, 吴丽玉, 周树红. 大学生就业竞争力分析 [J]. 教育发展研究, 2005 (7): 22 - 23.

[67] 楼土明. 基于职业胜任能力的复合型会计人才 [J], 教育与职业, 2012 (15): 90 - 91.

[68] 罗俊艳. 高校学生社团对个人发展影响的研究——基于广东省某高校的调查 [J]. 中国电力教育, 2012 (23): 124 - 126.

[69] 罗映红. 高校会计教育改革研究——基于企业会计准则执行能力的需求分析 [J]. 财会通讯, 2014 (4): 8 - 10.

[70] 吕华兴. 以就业为导向培养会计专业的职业技能和就业竞争力 [J]. 经济师, 2009 (12): 132 - 133.

[71] 吕志明. 会计信息化人才能力框架研究 [J]. 财会通讯, 2010 (4): 81 - 83.

[72] 马玉珍. 高级会计人才职业能力框架构建的结构分析 [J], 统计与咨询, 2011 (5): 23 - 24.

[73] 毛腊梅. 基于会计人才需求的本科会计教育改革研究 [J]. 吉林广播电视大学学报, 2016 (7): 148 - 149.

[74] 孟焰, 李玲. 市场定位下的会计学专业本科课程体系改革——基于我国高校的实践调查证据 [J]. 会计研究, 2007 (3): 55 - 64.

[75] 欧阳电平. 会计信息化人才培养现状与思考 [J]. 财会通讯, 2011 (7): 36 - 38.

[76] 欧阳宗书, 郭永清. 企业类全国会计领军（后备）人才培养项目效果研究——基于问卷调查的分析与建议 [J]. 会计研究, 2013 (1): 4 - 12.

[77] 裴钰. 浅析互联网影响下的会计模式 [J]. 商业现代化, 2016 (11): 196-197.

[78] 秦荣生. "互联网+"时代会计行业的发展趋势 [J]. 中国注册会计师, 2015 (12): 20-24.

[79] 沈小燕. 中美比较视角下我国会计本科教育的反思 [J]. 会计与经济研究, 2015, 29 (5): 36-48.

[80] 宋建琦. "互联网+"时代高职院校会计教学创新研究 [J]. 文化创新比较研究, 2018, 2 (5): 78-79.

[81] 宋雅琴, 杨政, 殷俊明. 会计人才能力需求与本科会计教育改革: 利益相关者的调查分析 [J]. 会计研究, 2012 (1): 25-35.

[82] 覃丽. 生态学习观及其对教育心理学研究的启示 [J]. 中国校外教育, 2014 (4): 11-31.

[83] 滕晓梅. 应用型本科院校卓越会计人才培养内涵研究 [J]. 财会通讯, 2014 (18): 121-125.

[84] 田冠军, 石磊. "互联网+"时代会计人才职业素质探讨 [J]. 新会计, 2018 (1): 27-29.

[85] 汪思贤. 关于中等职业学校就业教育的研究 [D]. 河南大学博士学位论文, 2013.

[86] 王江梅. "互联网+"模式下会计发展面临的问题与对策 [J]. 商业经济, 2018 (6): 149-150.

[87] 王洁. 中国注册会计师胜任力模型构建研究 [D]. 财政部财政科学研究所博士学位论文, 2012.

[88] 王文明. 大学教师应该重视教育心理学的学习与运用 [J]. 教育教学论坛, 2013 (33): 26-32.

[89] 王筱红. 基于人才需求的会计教育改革研究 [J]. 中国管理信息化,

2017, 20 (1): 240-241.

[90] 王怡. 会计专业本科生职业胜任能力评价体系研究 [J], 财会通讯, 2013 (1): 42-44.

[91] 文文. 大学生学业不良与社会工作干预研究——以长沙市 C 校某个案为例 [D]. 中南大学博士学位论文, 2013.

[92] 乌婷, 乔引花. 大数据时代管理会计职业能力建设探讨 [J]. 会计之友, 2017 (19): 38-42.

[93] 席鸿建, 夏飞. 区域国际化会计人才培养模式改革的探索与实践 [J]. 高教论坛, 2012 (10): 3-6.

[94] 肖建国. "问题大学生"的成因及教育转化策略研究 [J]. 东北师范大学, 2014 (6): 11-21.

[95] 徐洁. 小微企业会计人员胜任力研究 [D]. 华东理工大学博士学位论文, 2015.

[96] 严瑾, 陈强. "互联网+"视域下涉农院校会计人才培养研究与实践 [J]. 中国职业技术教育, 2017 (5): 94-96.

[97] 杨晨程. 构建大学生心理健康教育创新体系 [J]. 电子制作, 2015 (4): 30-35.

[98] 杨洁. 转型期高校会计教学中学生职业能力培养探析 [J]. 财会学习, 2017 (19): 211.

[99] 杨金梅. "互联网+会计"时代,高职管理会计人才职业能力培养研究 [J]. 财会学习, 2018 (18): 210-212.

[100] 杨娜. 基于层次分析法的人力资源评价 [J]. 中国管理信息化, 2007 (7): 56-58.

[101] 杨耀宇. 我国本科会计教育模式研究 [D]. 湖南大学博士学位论文, 2007.

[102] 杨政,殷俊明,宋雅琴. 会计人才能力需求与本科会计教育改革:利益相关者的调查分析［J］. 会计研究,2012（1）:25-35.

[103] 杨周南等. 计算机信息处理环境对会计理论与实务的影响及对策研究［M］. 北京:中国财政经济出版社,2002.

[104] 姚美娟,董必荣,王瑶瑶. "互联网+"时代下的会计人才培养模式研究［J］. 商业会计,2017（6）:115-117.

[105] 姚伟艳. 教育心理学在职业学校教育教学工作中的应用［J］. 亚太教育,2015（4）:12-15.

[106] 叶会. 会计就业面临的挑战及提高就业竞争力的突围之道［J］. 科教导刊（上旬刊）,2013（4）:148-150.

[107] 叶珏. 体育校本课程开发影响中小学生体育学习效果的实验研究［D］. 华东师范大学博士学位论文,2008.

[108] 应益华. 互联网时代会计目标及职能重构与本科会计人才培养探索［J］. 商业会计,2016（4）:111-114.

[109] 余夏. "互联网+"时代会计信息化教学研究［J］. 教育教学论坛,2017（19）:269-270.

[110] 余英,周星煜. 新时期"互联网+"对会计领域的影响思考［J］. 产业科技论坛,2015（19）:109-110.

[111] 元雪芬. 会计信息化人才的培养［J］. 中国冶金教育,2009（6）:33-35.

[112] 张宝贤,唐建荣. "互联网+"下会计教学模式的变革与创新［J］. 财会月刊,2017（36）:80-85.

[113] 张程睿. "互联网+"时代的会计人才胜任能力与培养［J］. 财会学习,2016（15）:215-216.

[114] 张春颖,冯建军. 谈会计专门人才培养模式的设计［J］. 中国高等

教育，2012（17）：60-61.

[115] 张克非. 财会专业大学生就业与人才培养质量问题的探讨［J］. 商业会计，2013（24）：128-129.

[116] 张倩，霍影. 社会网络视阈下卓越会计人才培养模式研究［J］. 财会通讯，2014（25）：50-51.

[117] 张亚枝. "互联网+"时代高职会计人才培养模式创新对策研究［J］. 当代经济，2016（32）：94-95.

[118] 赵北平. 影响高校毕业生就业率的主要因素及其对策［J］. 武汉理工大学学报，2007（1）：37-38.

[119] 赵峰. 会计人才培养与会计教育改革问题研究［J］. 山西财经大学学报，2010（1）：248-250.

[120] 赵靖. 马克思人的全面发展理论和大学生全面发展教育研究［J］. 山西师范大学，2013（3）：51-59.

[121] 赵素娥. 互联网+背景下高端会计人才的培养［J］. 时代金融，2017（29）：217-219.

[122] 赵小兰. 试论就业保障体系与职业指导——以高校毕业生就业问题为例［J］. 经济论坛，2007（23）：34-35.

[123] 钟顺东，钟涵宇. 本科会计实践性教学研究［J］. 知识经济，2016（19）：122-124.

[124] 周宏. 企业会计人员能力框架与会计人才评价研究［J］. 会计研究，2007（4）：83-89.